Dresden
Früher und Heute

Dresden

Früher und Heute

KOMET

Inhalt

Einleitung

Herrliches Elbflorenz – Generationen von Malern und Dichtern haben die einzigartige Schönheit Dresdens als Motiv für ihre Werke gewählt und die Elbstadt damit im kulturellen Gedächtnis verewigt. So gilt der Canalettoblick als die berühmteste Stadtansicht der Kunstmetropole, die der Dichter und Philosoph Johann Gottfried Herder (1744–1803) das „deutsche Florenz" nannte. Was macht jedoch den besonderen Reiz der sächsischen Landeshauptstadt aus?

Die Frage kennt viele mögliche Antworten: Wohl keine andere Altstadt fügt sich etwa mit ihrer Silhouette so harmonisch und unaufdringlich in die umgebende Landschaft ein. Das Zusammenspiel von Architektur und Natur ist einmalig. In der grünen Großstadt geht es zudem beschaulich zu. Trotz ihrer Größe – flächenmäßig sind nur Berlin, Hamburg und Köln größer – lässt sich die Stadt am besten zu Fuß erkunden, denn die herausragenden Baudenkmäler aus Hochrenaissance, Barock und Klassizismus liegen nur unweit voneinander entfernt.

Während man sich von einer Sehenswürdigkeit zur nächsten treiben lässt, bietet die Elbe, die Dresden in die Altstädter und die Neustädter Seite teilt, eine stetige Orientierung. Die Lage am Fluss bestimmte von Anfang an das Schicksal der Stadt: Besiedlung und Brückenarchitektur, Schifffahrt und Handel, aber auch Hochwasserkatastrophen zeugen heute noch davon.

Die Faszination der Stadt gründet sich aber auch auf eine reiche und wechselvolle Geschichte: Seit dem 15. Jahrhundert residierten hier die sächsischen Herzöge, Kurfürsten und Könige. August der Starke (1670–1733) – der legendäre sächsische Kurfürst – drückte der Stadt seinen unverwechselbaren Stempel auf und machte aus ihr eine wahre Barockschönheit, aber auch ein Zentrum europäischer Politik und Wirtschaft: Unter seiner Federführung begann im 18. Jahrhundert die Zeit der großen Bauprojekte und die architektonische Kulisse der Residenzstadt veränderte sich grundlegend.

Auch die Spuren des 20. Jahrhunderts haben sich eingeprägt. Das alte Dresden schien 1945 nach den Bombenabwürfen und den tagelangen Bränden für immer verloren, wovon die Bilder und Berichte ein ergreifendes Zeugnis ablegen. Gerade weil die Elbstadt im Zweiten Weltkrieg von den Flächenbombardements durch westliche Alliierte großräumig zerstört wurde, stellten sich ihre Einwohner mit hocherhobenem Haupt der ungewissen Zukunft.

Im Dresden der Nachkriegszeit wagte man sich danach an den Wiederaufbau verloren geglaubter Bausubstanz. Besonders nach der politischen Wende in Deutschland veränderte Dresden sein Gesicht immer stärker und wurde reich dafür belohnt: Auferstandene Barockpracht und moderne Architektur, bunte Künstlerviertel und ein lebendiges Nachtleben, zahlreiche kulturelle Veranstaltungen und weltbekannte Museen mit ihren kostbaren Kunstschätzen erfreuen heute die Dresdner und locken zahlreiche Besucher in die Stadt.

Am eindrucksvollsten lassen sich die Geschichten von den Veränderungen der Stadt durch packende Bilder erzählen. 70 Bildpaare in diesem Band dokumentieren Wandel und Kontinuität, machen Dresdner Stadtgeschichte lebendig und bieten Stoff zum Nachdenken über die Zukunft. Die eindeutige Sprache, die die einzelnen Bildpaare in ihrem Nebeneinander sprechen, ermöglicht den Blick auf eine verborgene Vergangenheit und lässt die Gegenwart in einem neuen Licht erscheinen. Entdecken Sie Dresden, wie es vielfältiger und bemerkenswerter nicht sein könnte – früher und heute.

Ein Buch, das nachdenklich macht – Bilder, die uns die Augen öffnen.

Altstadtpanorama am Elbufer Blick von der Carolabrücke auf die historischen Gebäude der Dresdner Altstadt mit Hofkirche und dem Hausmannsturm am Residenzschloss.

Weltberühmter Weihnachtsmarkt Tausende Lichter erleuchten den Striezelmarkt zur Eröffnung. Deutschlands ältester Weihnachtsmarkt lockt mit seinen über 230 Ständen, an denen Christstollen, Klöppelspitzen und erzgebirgische Schnitzereien wie Pyramiden, Schwibbogen und Räuchermännchen verkauft werden, Besucher aus aller Welt an.

Rund um Altmarkt und Hauptbahnhof

Spannungsfeld zwischen Historie und Moderne Der historische Altmarkt im Herzen Dresdens ist ein stummer Zeitzeuge der Anfänge der Stadt. Bereits seit Jahrhunderten lässt sich auf diesem malerischen Platz das rührige Markttreiben erleben, am besten natürlich zur Weihnachtszeit, wenn der traditionsreiche Striezelmarkt weihnachtliche Stimmung verbreitet. Über die Prager Straße – einst Prunkstück sozialistischer Geschäftsarchitektur – ist es nicht weit bis zum Hauptbahnhof, der erst vor ein paar Jahren umfangreich renoviert wurde und nun in seiner zeitgemäßen neuen Pracht die Anhänger moderner Stadtarchitektur begeistert.

Altmarkt

Das Herzstück der Stadtanlage wird rekonstruiert

Um 1860 Am Kreuzungspunkt alter Handelswege gelegen, herrschte in Dresden bereits im Mittelalter reges Markttreiben. Der als „Circulus“ 1370 erstmals urkundlich erwähnte Stadtmarkt wurde zum Zentrum der Stadt. Um 1550 wurde er in „Alter Markt“ umbenannt, als infolge der Erweiterung der Stadtbefestigung ein „Neuer Markt“ errichtet wurde. Bis zum Bau des Zwingers diente der Altmarkt auch dem kurfürstlichen Vergnügen: Dank seiner Größe von 100 x 130 Metern bot er höfischen Festen und Tierhatzen ausreichend Raum. Während der revolutionären Unruhen des Maiaufstands 1849 entwickelte sich auf dem Platz ein erbitterter Barrikadenkampf, der von Regierungstruppen blutig niedergeschlagen wurde. Danach blieb der Altmarkt bis 1918 für jegliche Kundgebung gesperrt.

Wiederaufbau nicht abgeschlossen Der Blick von der Kreuzkirche her, dem einzigen erhaltenen historischen Gebäude am Platz, lässt den rechteckigen Grundriss des Markts erkennen. Im Zweiten Weltkrieg waren infolge der Angriffe britischer und US-amerikanischer Bomber auf die Stadt, bei denen bis zu 35 000 Menschen starben, weite Teile des Stadtgebiets zerstört worden. Nach den alliierten Luftangriffen vom 13. und 14. Februar 1945 war auch von der Kreuzkirche lediglich eine Ruine übrig geblieben. Alle Bürgerhäuser rings um den Marktplatz waren ausgebrannt, darunter auch das barocke Alte Rathaus an der Nordwestecke. Als die Trümmer schließlich restlos beseitigt waren, begann hier 1953 der Wiederaufbau. Historisierende Geschäfts- und Wohnhäuser wurden an der Ost- und Westfront errichtet. 1969 begrenzte man den Markt im Norden durch den Kulturpalast. Seit November 2008 befindet sich eine Tiefgarage unter dem Altmarkt, die es den zahlreichen Striezelmarktbesuchern erlaubt, direkt unterhalb des Weihnachtsmarktes zu parken. Gleichzeitig mit dem Bau des Parkhauses wurde der Platz zudem mit historischen Dresdner Kleinpflastersteinen neu bepflastert. Am südlichen Parkhausausgang ist ein dunkel abgesetztes Bodendenkmal errichtet worden (nicht im Bild). Die Gedenkstelle erinnert an die zahlreichen Opfer der Bombardierung 1945, die hier verbrannt wurden. Ein schräg stehender, 29 Meter hoher Lichtmast sorgt für die ausreichende Beleuchtung des umgestalteten Altmarkts, an dessen Ostseite seit 2009 fünf Wasserbecken aus Sandstein sprudeln. Die großen Monolithe werden von Fontänen besprüht und durch detailreiche Quellaustritte geflutet, weshalb sie an heißen Sommertagen gut besucht sind.

Kulturpalast

Ein architektonischer Fremdkörper bleibt erhalten

1971 Als „Haus sozialistischer Kultur und Bildung" wurde 1969 der Kulturpalast eröffnet, in dem seither die Dresdner Philharmonie ihre Wirkungsstätte fand. Der Grundsteinlegung 1967 an der Wilsdruffer Straße war ein Wettbewerb für ein „Haus der Kulturen" vorausgegangen. Ein anfänglich geplantes vielgeschossiges, sowjetischen Parteihochhäusern nachempfundenes Gebäude war nach Bürgerprotesten verworfen worden. Stattdessen errichtete man einen quaderförmigen Flachbau mit einer 103 Meter langen Thermoglasfassade und sechseckig gefaltetem Kupferdach. Seither bereichern die breit gefächerten Veranstaltungen im 2400 Personen fassenden Festsaal, im kleinen Studiotheater und auf der funktionalen Kongressetage das Kulturleben der Elbstadt. Als jährlicher Veranstaltungshöhepunkt des Hauses gilt das 1971 ins Leben gerufene Internationale Dixieland Festival.

Behutsame Sanierung beschlossen Während der Nachwendezeit wurden die Kontroversen unter den Dresdner Bürgern über das unzeitgemäße Aussehen und das Fortbestehen des Gebäudes immer lauter. Die einen sahen in dem Bauwerk mit seiner markanten Hauptfront und seinem Mosaikbild „Der Weg der roten Fahne" an der Westfassade ein architekturgeschichtliches Denkmal, die anderen sprachen sich für einen Abriss oder Umbau des „Fremdkörpers" aus. Die langjährigen Diskussionen fanden erst im Jahr 2005 mit dem Beschluss des Stadtrates, den Kulturpalast in seiner jetzigen Gestalt zu erhalten und zu sanieren, zu einem Ende. In einem ersten Schritt wurden im Jahr 2007 Brandschutzmängel beseitigt. Da das Gebäude 2008 unter Denkmalschutz gestellt wurde, verzögerte sich die Restaurierung: Ein europaweiter Architekturwettbewerb wurde ausgerufen. Die umfangreichen Bauarbeiten sehen vor, dass im Sinne des Denkmalschutzes viele Originalbauteile erhalten bzw. wieder verwendet werden, so z. B. der Natursteinboden, die Marmor- und Holzbekleidung der Wände oder Treppenteile und Handläufe. Nach der Modernisierung wird hier ein Konzertsaal für die Dresdner Philharmoniker entstehen. Außerdem sollen dann die Städtische Zentralbibliothek, das Kabarett „Herkuleskeule" und das Besucherzentrum der Stiftung Frauenkirche in den „Kulti" einziehen.

Kreuzkirche

Die früheste Dresdner Stadtkirche im Wandel der Jahrhunderte

1765 Die früheste Dresdner Stadtkirche wurde bereits 1215 als eine dem heiligen Nikolaus gewidmete romanische Basilika errichtet. 1388, nachdem dem Gotteshaus mit einem Holzsplitter vom Kreuz Christi eine kostbare Reliquie geschenkt worden war, erfolgte jedoch die Neuweihe als Kirche „Zum heiligen Kreuz". Nach der Reformation wurde hier 1539 der erste lutherische Gottesdienst der Stadt abgehalten, seither ist die Kreuzkirche die evangelische Hauptkirche Dresdens. 1760, während der preußischen Belagerung der Elbstadt im Siebenjährigen Krieg, erlitt die nunmehr gotische Hallenkirche starke Zerstörungen durch Beschuss. Im Zuge der Aufbauarbeiten stürzte 1765 die Westturmfassade ein und musste abgetragen werden. Bernardo Belotto, genannt Canaletto (1721–1780), hielt auf einem seiner Ölgemälde eben diesen Blick auf die Gebäuderückseite für die Nachwelt fest: Das Bild „Die Trümmer der ehemaligen Kreuzkirche in Dresden" von 1765 lässt sich heute in der Gemäldegalerie „Alte Meister" bewundern.

Musikalisches Wahrzeichen Dieselbe Perspektive wie auf dem Ölgemälde zeigt eine Fotografie aus dem Jahr 2007. Die wiedererrichtete nüchterne Fassade des zweigeschossigen Sandsteinbaus überragt mit ihrem 92 Meter hohen Kirchturm und dem zweitgrößten Geläut Deutschlands die Häuser an Kreuzstraße und Schulgasse. Seit Canalettos Lebzeiten wurde das Gotteshaus noch zweimal fast völlig vernichtet: durch einen Brand 1897 und durch die Bombardierung 1945. Bei ihrer erneuten, 1946 begonnenen Wiederherstellung hatte die äußere denkmalsgerechte Rekonstruktion der Kreuzkirche Vorrang, sodass ihr Innenraum betont schlicht instand gesetzt wurde. Dieses einzigartige Provisorium währt nach wie vor. Seit der letzten Kirchenweihe 1955 ist das vierte Nachfolgegebäude der ursprünglichen Kreuzkirche wieder zur Heimstatt des um 1300 gegründeten Dresdner Kreuzchors geworden, der von der Sängertribüne erklingt. Der international renommierte Knabenchor begleitet die Vespergottesdienste in der Kirche und interpretiert geistliche Musik der Vergangenheit und Gegenwart.

Altes Rathaus

Historische Wurzeln wiederentdeckt

Um 1919 Das erste Altstädter Rathaus, ein schlichter, frei stehender Fachwerkbau an der Nordseite des Altmarkts, wurde 1295 erstmals als „Kaufhaus" erwähnt und erst im Jahr 1380 in einer Urkunde als Rathaus bezeichnet. Nach seinem 1707 erfolgten Abriss – es musste Raum für einen Festplatz des Kurfürsten geschaffen werden – erbaute man von 1741 bis 1745 an der Westseite des Marktplatzes ein zweites Altstädter Rathaus: das Alte Rathaus. Vor diesem repräsentativen Gebäude mit seinen dreieinhalb Geschossen fand um die Wende zum 20. Jahrhundert regelmäßig der Blumenmarkt statt. Seine Stände wurden rund um das 1880 im Zentrum des Altmarkts errichtete Germaniadenkmal (Siegesdenkmal) aufgebaut. 1949 wurde das Rathaus wegen der schweren Schäden im Zweiten Weltkrieg komplett abgerissen. Da es schon lange zuvor nicht mehr genügend Raum für die Stadtverwaltung geboten hatte, war von 1905 bis 1910 bereits ein „Neues Rathaus" abseits des Altmarkts errichtet worden.

Archäologische Sensation Auf dem Gelände des Alten Rathauses befindet sich heute ein sechsstöckiges Gebäude mit einem hohen Arkadengang im Erdgeschoss sowie mit Erkern und Brüstungen aus sächsischem Sandstein. In seinem Kopfbau war früher das Centrum-Warenhaus, später das Intecta-Möbelhaus untergebracht. Bei den Bauarbeiten für eine Tiefgarage unter dem Altmarkt entdeckte man 2007 die mittelalterlichen Grundmauern des ältesten Dresdner Rathausbaus – des Vorläufers des Alten Rathauses. Der ursprüngliche Plan, diese Mauerreste in die Struktur der Tiefgarage zu integrieren und damit der breiten Öffentlichkeit zugänglich zu machen, wurde jedoch aufgehoben, als ein Bauarbeiter unglücklicherweise die mittelalterlichen Strukturen mit seinem Bagger zerstörte. Die Bauarbeiten sind inzwischen abgeschlossen. Der zentral stehende, schräge Lichtmast ist ein Blickfang und sorgt für angemessene Beleuchtung des Platzes und der restaurierten Gebäude.

Blick vom neuen Rathausturm

Zerstörung in einer Nacht

1945 Diese Aufnahme ging um die Welt: Von der 68 Meter hohen Aussichtsplattform auf dem Turm des Neuen Rathauses fällt der Blick auf eine Sandsteinskulptur mit ausgebreiteten Händen, die um die unter ihr liegenden Ruinen der historischen Innenstadt zu trauern scheint. Nach der alliierten Luftoffensive lagen 20 Quadratkilometer der Elbmetropole in Schutt und Asche. Nur noch wenige ausgebrannte Häuserwände waren nach der Bombardierung Dresdens im Zweiten Weltkrieg stehen geblieben. In diesen Trümmern lebten weiterhin 500 Stadteinwohner. Der Schriftsteller Erich Kästner (1899–1974), gebürtiger Dresdner, beschrieb in seinem Buch „Als ich ein kleiner Junge war" in eindringlichen Worten: „Die Stadt Dresden gibt es nicht mehr. Sie ist, bis auf einige Reste, vom Erdboden verschwunden. Der Zweite Weltkrieg hat sie, in einer einzigen Nacht und mit einer einzigen Handbewegung, weggewischt. Jahrhunderte hatten ihre unvergleichliche Schönheit geschaffen. Ein paar Stunden genügten, um sie vom Erdboden fortzuhexen ..."

Siebzig Jahre nach der Bombardierung ist von den Ruinen nichts mehr zu sehen, aber die Spuren der Zerstörung sind deutlich sichtbar. Die Bonitas-Skulptur, Allegorie der Güte, muss sich heute in ihrem Blick nach Süden mit der Aussicht auf Plattenbauten und einen weitläufigen Parkplatz begnügen.
Der Blick zur anderen Seite, Richtung Elbe und die Neustädter Stadtseite, zeigt wieder das eindrucksvolle Panorama mit Frauenkirche und dem Schlossensemble, aber bis heute trägt die Stadt an den Narben ihrer Zerstörung.

Pirnaischer Platz an der Ringstraße

Verlorene Mitte

Um 1905 Betriebsamer Verkehr herrschte in der Dresdner Innenstadt an der Wende vom 19. zum 20. Jahrhundert: Pferdekutschen und die elektrische Straßenbahn brachten ihre Fahrgäste zu den Warenhäusern, Läden und Banken. Als eines der prachtvollsten Wohn- und Handelshäuser dieser Zeit galt der neobarocke Kaiserpalast, den der Apotheker Hermann Ilgen 1895 an der Ecke Ringstraße/Pirnaischer Platz hatte erbauen lassen. Das Gebäude diente in der Folgezeit zunächst als Restaurant, später dann als Bankhaus.

Ausbau zum Verkehrsknotenpunkt 100 Jahre später ist von den großartigen Gründerzeitbauten rings um den Pirnaischen Platz nichts mehr zu erkennen. Gemäß dem Entwicklungsplan des Rates der Stadt Dresden von 1949 wurden nach der Zerstörung im Zweiten Weltkrieg weder die an der Nordseite liegende geschäftige Ringstraße noch andere umliegende Häuserzeilen am Platz wieder errichtet. Stattdessen wurde der Stadtraum unweit der Elbe in den 1970er-Jahren mit dem Bau der vierspurigen Leningrader Straße (heute Sankt-Petersburger-Straße) zum Verkehrsknotenpunkt und zur zentralen Straßenbahnhaltestelle umfunktioniert. Bis auf einige Großbauten im angrenzenden Stadtteil „Pirnaische Vorstadt", wie dem ehemaligen Stammsitz des Computerforschungszentrums Robotron, blieb der Platz weitgehend leer. Heute ist der nostalgische Charme der im Stil der sozialistischen Moderne an der Ostseite des Platzes errichteten Wohnhäuser verblichen. Nur noch schwach lässt sich der Schriftzug „Der Sozialismus siegt!" am Hochhaus erkennen, der einst mit roter Leuchtschrift dort angebracht war. Leider macht der Pirnaische Platz eher als Dresdens gefährlichste Kreuzung von sich reden. Trotz einer umfangreichen Umstrukturierungs- und Umbaumaßnahme, die im Jahr 2011 abgeschlossen wurde, passieren auf dem unübersichtlichen und stark befahrenen Platz weiterhin häufig Unfälle.

Dresdner Christstollen

Weihnachtsgebäck mit langer Tradition

1971 Im VEB „Backwarenkombinat Dresden" bestäuben Konditorinnen den frisch gebackenen Dresdner Christstollen mit Puderzucker. Das Stollenbacken hat in Dresden eine lange Tradition: Es reicht bis ins 15. Jahrhundert zurück. Doch den mit allerlei Trockenfrüchten veredelten Dresdner Stollen gibt es erst seit dem 20. Jahrhundert. Anfänglich hatte das längliche Fastengebäck nur aus Hefe, Mehl, Wasser und Öl bestanden und wurde im Mittelhochdeutschen als „Striezel" bezeichnet. Erst als die Backzutaten durch Butter und Milch verfeinert wurden, setzte sich der Name „Stollen" durch. 1427 wurde das Hefegebäck erstmals dem sächsischen Hof überreicht und ab 1500 als „Christbrote uff Weihnachten" auf dem ältesten deutschen Weihnachtsmarkt, dem Striezelmarkt, verkauft.

Geschätzt in aller Welt 1971 wurden im Volkseigenen Betrieb noch 150 000 Rosinen-, Mandel- und Mohnstollen gebacken. Mittlerweile ist die Zahl auf jährlich über 2 Millionen Stollen angewachsen, die von über 150 zertifizierten Konditoreien und Bäckereien nach überlieferter Rezeptur gefertigt werden. Dazu zählt auch die Dr. Quendt Backwaren GmbH, in der die Mitarbeiter noch immer jeden einzelnen Stollen sorgfältig auf seine Qualität prüfen. Dass gerade der Dresdner Christstollen weit über die Landesgrenzen hinaus bekannt wurde, ist nicht zuletzt auch den sächsischen Königen zu verdanken, denn sie schenkten ihren gekrönten Verwandten zum Weihnachtsfest jeweils ein Exemplar. Seit 1730 der sächsische Kurfürst August der Starke (1677–1733) einen 1,8 Tonnen schweren Riesenstollen backen ließ, verbreitete sich der Bekanntheitsgrad der Dresdner Köstlichkeit immens. An dieses „Zeithainer Lustlager" genannte Gelage erinnert heute noch das seit 1994 jährlich stattfindende Dresdner Stollenfest. In der Folgezeit exportierte man den Dresdner Christstollen in viele Länder der Erde. Seit 1997 ist die Bezeichnung „Dresdner Stollen" sorgar gesetzlich geschützt.

Hauptbahnhof

Vom Böhmischen Bahnhof zum Hightechbau

Um 1900 Im 19. Jahrhundert verfügte die Stadt Dresden über fünf Fernbahnhöfe. Schon bald kristallisierte sich jedoch der im Süden der Stadt gelegene Böhmische Bahnhof als verkehrsgünstigste Eisenbahnstation heraus. Daher wurde der ehemalige Fachwerkbau abgetragen und zwischen 1892 und 1897 auf dessen Boden ein neuer mondäner Hauptbahnhof mit 18 Bahnsteigen errichtet. Stilistisch lehnte sich dieser an den von einer Mischung aus Neorenaissance und Neobarock geprägten Pariser „Gare du Nord" an. Der Neubau bestand aus einer voluminösen dreischiffigen Stahlbogenhalle mit einer vorgelagerten wappengeschmückten Empfangshalle aus Sandstein. Geziert wurde sie von einer Figurengruppe mit der Patronin Sachsens, Saxonia, flankiert von den Allegorien von Wissenschaft und Technik. Am Nordende des Gebäudes fand sich ein kleiner Rundbau, der dem Fürsten als Sondereingang zum königlichen Gleis diente. Später funktionierte man diesen Pavillon zu einem Programmkino um.

Gelungene Symbiose Im November 2006 wurde der Dresdner Hauptbahnhof nach sechsjährigem Umbau feierlich eröffnet. Der britische Architekt Sir Norman Foster (* 1935) besuchte die sächsische Metropole höchstpersönlich, um die Umsetzung seiner Entwürfe in Augenschein zu nehmen. Für den kombinierten Kopf- und Durchgangsbahnhof hatte er eine außergewöhnliche weiße Dachmembran entworfen. Unterbrochen wurden die seit 2001 andauernden Bauarbeiten am historischen Bahnhofsgebäude durch die Beseitigung der Hochwasserschäden, nachdem der Fluss Weißeritz im August 2002 fast einen Tag lang durch die Bahnhofshallen geströmt war und die baulichen und technischen Anlagen vollkommen zerstört hatte. Auch eine umfassende Rekonstruktion der Gleise wurde vorgenommen. Seither rollt der Zugverkehr unter den Bogendächern reibungslos.

angels
NACHTBAR

Hochwasser im Hauptbahnhof

Schnelle Beseitigung der Überschwemmungsschäden

2002 Ein für die Stadtbewohner Dresdens einschneidendes Ereignis fand am 12. August 2002 statt: Innerhalb kurzer Zeit wurde der Hauptbahnhof komplett von der Weißeritz unter Wasser gesetzt. Der sonst nur 1 Meter tiefe und 6 Meter breite Erzgebirgsfluss war infolge starker Regenfälle auf sein 100-faches Volumen angeschwollen, sodass er sogar mehr Wasser führte als die Elbe bei Normalpegel. Betroffen davon waren mehrere Stadtteile: Die Weißeritz floss zum einen nördlich in Richtung Friedrichstadt und Wilsdruffer Vorstadt und mündete beim Ostragehege in die Elbe, zum anderen suchte sie sich ihren Weg in östlicher Richtung entlang der aus dem Weißeritztal stadteinwärts führenden Bahngleise. Die Fluten ergossen sich in der Seevorstadt durch den Hauptbahnhof und liefen weiter über die Prager Straße bis zum Großen Garten. Da in diesem Stadtviertel früher einige Seen gelegen waren, gab es in diesem Bereich keinen Abfluss.

Schäden behoben Von den schweren Schäden, die die 1,5 Meter hohen Fluten in der Eingangshalle des Dresdner Hauptbahnhofs hinterlassen haben, ist heute nichts mehr zu sehen. Die von Schmutz und Schlamm bedeckten Gleise, Züge, Sicherungsanlagen und Läden waren innerhalb weniger Monate instand gesetzt worden. 2006 folgte sogleich die nächste Umbauaktion: Für rund 55 Millionen Euro wurde das Empfangsgebäude komplett saniert und begrüßt die Reisenden heute mit einer luftigen Shopping- und Gastronomiewelt. Besonderes Highlight ist die Dachkonstruktion des historischen Bahnhofs, die aus teflonbeschichteter Glasfaser besteht. Für seinen Entwurf wurde der renommierte britische Architekt Norman Foster 2008 mit dem Brunel-Award für Eisenbahndesign ausgezeichnet.

Wiener Platz

Großbaustelle mit Finanzierungsproblemen

2001 Lange vergessen scheinen 2001 die Zeiten, als die Zugreisenden in der Elbmetropole von einem schön gestalteten Bahnhofsvorplatz begrüßt wurden. Seit den 1990er-Jahren galt der Wiener Platz – die nördliche Fläche vor dem Hauptbahnhof – als die zweitgrößte deutsche Großbaustelle nach dem Potsdamer Platz in Berlin. Um potenziellen Käufern einen schnellen Baubeginn zu garantieren, hatte die Stadt auf eigene Kosten die zur Bebauung freigegebenen Grundstücke ausheben lassen. Der Fortgang der Baumaßnahmen für die Handels- und Bürogebäude, die hier entstehen sollten, verzögerte sich jedoch aufgrund von Finanzierungsproblemen immer weiter. An der Wende zum neuen Jahrtausend konnte immerhin die 600 Meter lange, parallel zum Hauptbahnhof verlaufende Untertunnelung des Areals abgeschlossen werden. Zwar blieb dieser innerstädtische Platz frei vom Autoverkehr, doch mussten die Besucher und Einwohner der Stadt einige Umwege in Kauf nehmen, wenn sie zur Fußgängerzone „Prager Straße" wollten. Für sie hatte man über eine der offenen Baugruben eine Interimsbrücke errichtet, die in Richtung Innenstadt führte.

Zentrumsentree im Entstehen Inzwischen sind nahezu alle Grundstücke am Wiener Platz verkauft und bebaut. Moderne Geschäftshäuser und Einkaufspassagen aus Chrom und Glas richten sich an den historischen Platzgrenzen aus. Hier befinden sich mehrere neu gebaute würfelförmige Gebäude, von denen zwei durch eine Glaskugel miteinander verbunden sind, sowie der sanierte Hauptbahnhof, um den sich die Häuser der Südvorstadt gruppieren. Direkt davor klaffte lange Zeit das berühmte „Wiener Loch", die letzte raumgreifende Baugrube im Mittelbereich des Wiener Platzes. Nachdem das Vorhaben, die weit vom Stadtzentrum entfernte Staatsoperette hierher umzusiedeln, zu den Akten gelegt wurde, gab es vielfältige Ideen zur möglichen Nutzung der letzten freien Fläche am Platz. Pläne für öffentliche Parkanlagen, Springbrunnen oder Bürogebäude wurden schon vorgelegt und allesamt mangels Investoren wieder verworfen. Im Juni 2013 verkaufte die Kommune das Grundstück für 9,5 Millionen Euro an ein Hamburger Immobilienunternehmen. „Prager Carrée" lautet der Name des Gebäudekomplexes, der nun hier entsteht. Er soll Platz für Wohnungen, Ladenräume und einen Fachmarkt bieten. Obwohl die Bauarbeiten gut vorangehen, hat sich im Volksmund die Bezeichnung „Wiener Loch" bis heute erhalten.

EC-B
DORR
powered by
DORR

Lenindenkmal

Demontage eines Denkmals der Zeitgeschichte

1982 Im August 1982 fand vor der Kulisse des Dresdner Leninmonuments das VII. Pioniertreffen statt, in dessen Rahmen Egon Krenz als Vorsitzender der FDJ – des Verbandes der Freien Deutschen Jugend – einem Appell der Jung- und Thälmannpioniere beiwohnte. Zu DDR-Zeiten war der 1974 in „Leninplatz" umbenannte Wiener Platz – umrahmt von vier Wohnhochhäusern – unbebaut geblieben. Inmitten dieser leeren Fläche fiel das monumentale, 12 Tonnen schwere Lenindenkmal, das 1974 in Anwesenheit von Hans Modrow, des ersten Sekretärs der SED-Bezirksleitung Dresden, eingeweiht wurde, besonders ins Auge. Das Standbild aus rotem Granit zeigt den russischen kommunistischen Revolutionär Wladimir Iljitsch Lenin (1870–1924) und zwei unbekannte deutsche Genossen.

„Lenin on tour" Seit dem Jahr 1992 trägt das Areal wieder seinen alten Namen und auch die vom russischen Bildhauer Grigori Danilowitsch Jastrebenezki geschaffene Skulptur hat die Zeitenwende nicht überdauert. Sie wurde 1992 demontiert und einem Sammler aus Gundelfingen überlassen. Teile des überdimensionalen politischen Monuments kehrten jedoch 2004 als mobiles Kernstück einer großen Kunstaktion an ihren angestammten Ort zurück. Vom Münchener Künstler Rudolf Herz initiiert, gehen die drei Büsten Lenins und seiner Genossen auf Europatournee. In Dresden machen sie unweit der Frauenkirche Station. Nach mehr als 8000 Kilometern erreicht der Tieflader sein Endziel Berlin. Das Ansinnen des Künstlers, die Skulptur als Zeitdokument am alten Standort wieder aufzustellen, wurde indessen nicht verwirklicht: Das Denkmal befindet sich weiterhin in Privatbesitz.

Prager Straße

Sozialistische Einkaufsmagistrale mit neuem Leben

1982 Die Prager Straße führt vom Wiener Platz in Richtung Norden zur Inneren Altstadt. Ihr Name zeugt noch von der Zeit, als die „Sächsisch-Böhmische Staatseisenbahn" als Direktverbindung nach Prag erbaut wurde. 1851 in einer Breite von 18 Metern angelegt, war sie ab 1880 eine ebenso vornehme wie verkehrsreiche Geschäfts- und Vergnügungsstraße mit Bauten wie dem Residenzkaufhaus, dem Kaiser-Café oder den Filmtheatern „Capitol" und „Prinzesstheater". Mitsamt ihrer Bebauung wurde sie während der Bombenabwürfe 1945 dem Erdboden gleichgemacht und verkümmerte nach der Enttrümmerung für die Dauer von 20 Jahren zu einer von wenigen Ruinen durchsetzten Wiese. Erst 1965 begann man im Zuge des Wiederaufbaus Dresdens als moderne sozialistische Stadt, auf dieser großflächigen Kriegsbrache einen geradlinigen Fußgängerboulevard zu errichten. Gegliedert war die Prager Straße durch Wasserbecken und gesäumt von Plattenbauten, Geschäften und Großraumgaststätten sowie dem berühmten Filmtheater „Rundkino". Stolz präsentierte man die belebte – während des Pioniertreffens mit DDR- und FDJ-Fahnen geschmückte – Magistrale den Gästen der Stadt. Auch die Front der sogenannten „Wohnmaschine", eines 240 Meter langen Wohnhauses mit zwölf Etagen an der Ostseite des mittleren Abschnitts der Prager Straße, war in jenen Tagen mit bunten Tüchern und Fahnen dekoriert. Dahinter erhob sich an der Stelle des einstigen Luxushotels „Europäischer Hof" aus der Vorkriegszeit das 14-geschossige Interhotel.

Dresdens „schönste Schaufenster" Nach der deutschen Wiedervereinigung wurden auf dem Boulevard neue Geschäfts- und Kaufhäuser errichtet, sodass sich die mit zahlreichen Brunnen und Wasserspielen gestaltete Einkaufsmeile zu einem modernen Einkaufsparadies mauserte. Besonders stimmungsvoll erleuchtet zeigen sich die Läden an der Westseite der Hauptverkehrsstraße im blauen Abendlicht. Architektonisch dienen sie als Verbindungstrakte zwischen den drei zwischen 1967 und 1970 errichteten zwölfgeschossigen Hotelbauten, die neben dem mittlerweile zum Mercure Hotel Newa umgebauten einstigen Interhotel zu den wichtigsten Hotels der Stadt zählen und die die Namen reizvoller Felsen in der Sächsischen Schweiz tragen: Bastei, Lilien- und Königstein. Die Prager Straße zeigt sich heute, nach ihrer 2004 abgeschlossenen Rundumerneuerung, die unter anderem auch durch die Schäden des Jahrhunderthochwassers 2002 notwendig geworden war, wieder von ihrer besten Seite. Sie wird damit von Neuem den Erinnerungen Erich Kästners (1899–1974) gerecht, der den Boulevard als die „Straße mit den schönsten Schaufenstern" in Dresden bezeichnet hatte.

Rundkino und Kristallpalast

Kinolandschaft im Geschmack der Zeit

1996 Die Kinolandschaft in Dresden war schon immer vielfältig. Schon vor der Zeit der großen Multiplexkinos gab es über die ganze Stadt verteilt viele kleine Programmkinos. 1972 war das Dresdner Rundkino als 25 Meter hoher Zylinder im mittleren Bereich der Prager Straße errichtet worden. Seine Fassade erinnert im oberen Bereich an Zebrastreifen, seine runde, nach oben hin offene Form hingegen an einen riesengroßen Topf, weshalb die Dresdner ihm schon zu DDR-Zeiten den Spitznamen „Elefantenklo" oder „Papierkorb" gegeben hatten. In den Sälen des Rundkinos fanden zu DDR-Zeiten Filmvorführungen, aber auch Großveranstaltungen statt. Nach der Wende wurde das Gebäude bis 2002 als Spielstätte für das Puppentheater umfunktioniert.

Kompakter Kinoblock Hinter dem lang gestreckten Wohnhaus auf der Prager Straße hat man den besten Blick auf die im Dunkeln illuminierte vorgelagerte Konstruktion des aus Stahl, Glas und Sichtbeton erbauten Kristall-Kinopalasts. Das Gebäude hebt sich damit klar von den die frühere Residenzstadt dominierenden Sandsteinbauten ab. Die Sichtseite zur St. Petersburger Straße hingegen ist nüchtern in Beton gehalten, weshalb einige Einwohner Dresdens dem neuen Gebäude zunächst recht kritisch gegenüberstanden. Beliebt ist dieses Kino heute vor allem bei den Studenten der nahe gelegenen Hochschule für Technik und Wirtschaft sowie der Technischen Universität Dresden. In den acht Kinosälen im Inneren finden bis zu 2700 Menschen Platz.

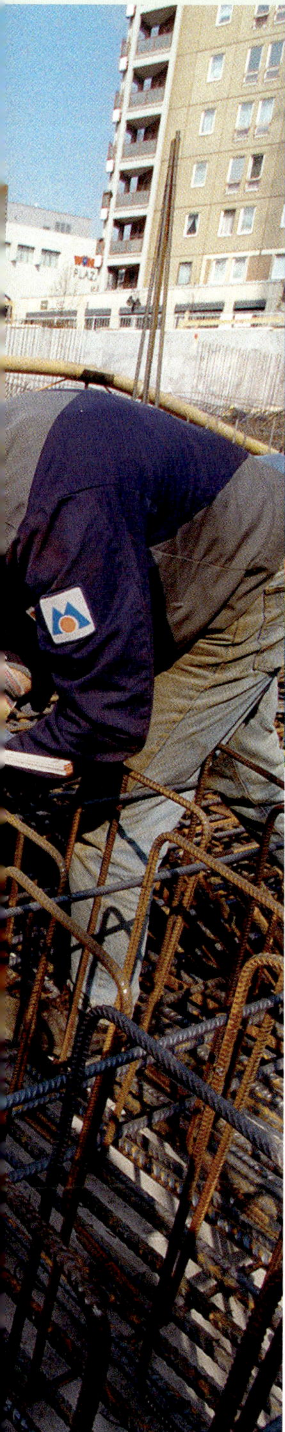

Erweiterungsbau In unmittelbarer Nachbarschaft zum traditionsreichen und denkmalgeschützten Rundkino entsteht dessen Erweiterungsbau, der neue Kristall-Kinopalast. 1997 waren die Bauarbeiten für das neue Kino in vollem Gange. Hinter dem Fundament des Neubaus ist das „Elefantenklo" zu erkennen, das sich etwas hinter den Kaufhaus-Neubauten der Prager Straße versteckt. Nach den Hochwasserschäden kam der Spielbetrieb des Rundkinos bis 2007 zum Erliegen, dann eröffnete man das Gebäude als digitales 3D-Großformatkino mit einer 23 Meter breiten Kinoleinwand neu.

Kaufhaus Centrum

Ein Kaufhaus macht Platz für seinen Nachfolger

2005 Erst mit dem 1978 nach achtjähriger Bauzeit fertiggestellten Centrum-Warenhaus fand die Sanierung der Prager Straße ihren glanzvollen Abschluss. Als das kompakte Warenhaus eröffnet wurde, galt es hinsichtlich seiner fortschrittlichen Arbeitsbedingungen und seiner Ausstattung mit Klimaanlagen und Rolltreppen als das modernste im ganzen Land. Einen hohen Bekanntheitsgrad besaß das von den Dresdnern rege frequentierte Kaufhausgebäude, das in den 1990er-Jahren von der Warenhauskette Karstadt übernommen wurde, durch seine aluminiumbeschichtete Fassade in Wabenform, die zur Weihnachtszeit durch Lichterketten verziert wurde.

Abriss im Gange Die Konkurrenz zur 2002 neu errichteten Altmarkt-Galerie bekam dem Kaufhaus nicht gut. Wenngleich sich eine Arbeitsgemeinschaft für den Erhalt des letzten verbliebenen Warenhauses mit Aluminiumvorhangfassade eingesetzt hatte, wurde wegen rückläufiger Käuferzahlen der Gebäudeabriss beschlossen. Anfang 2007 wurden die populären silbrigen Fassadenelemente von dem entkernten DDR-Bau abmontiert. So kamen die drei Etagen über dem um 3 Meter zurückgesetzten Erdgeschoss zum Vorschein. Der Abbruch an der Rückseite des Gebäudes begann.

Neue Centrum-Galerie Auf der frei gewordenen Fläche eröffnete am 17. September 2009 die großzügige Centrum-Galerie mit 52 000 Quadratmetern Nutzfläche für Einzelhandel und Gastronomie. Die 180 Meter lange Front zur Einkaufsmeile verweist mit ihrer silbernen Wabenstruktur des Dresdner Architekten Peter Kulka (* 1937) auf den Vorgängerbau mit dessen einprägsamer Fassade.

next
STARBUCKS COFFEE
STARBUCKS COFFEE

Dresdner Formensprache Als eigene Kunstrichtung ist der Dresdner Barock unter dem legendären Kurfürsten August dem Starken ausgeformt worden. Auch im Winter lädt die Dresdner Innenstadt zu den barocken Bauten wie der Frauenkirche und der Kunstakademie ein. „Barocke Weihnachtskonzerte" im Zwinger stimmen jedes Jahr auf die besinnliche Jahreszeit ein.

Rund um Neumarkt und Brühlsche Terrasse

Wiederauferstandenes Mahnmal für den Frieden Die im Zweiten Weltkrieg zerstörte Frauenkirche füllt, seit 2005 wieder vollständig restauriert, ihren angestammten Platz auf dem Neumarkt aus und strahlt mit ihrem hellen Glanz auf die umstehenden Bauten – das eindrucksvolle Taschenbergpalais oder die berühmte Kunstakademie. Die auch als „Balkon Europas" bekannte Brühlsche Terrasse bietet einen herrlichen Ausblick auf die Neustadt und den Elbbogen. Der Bau- und Restaurierungsboom, der nach der Wiedervereinigung Deutschlands einsetzte, hält in Dresden weiterhin an; die Gegend rund um den Neumarkt wurde behutsam und mit viel Sorgfalt wieder an das einmalige Flair großer vergangener Zeiten angepasst.

Frauenkirche

Rekonstruktion mit Symbolkraft

Um 1929 Wer sich in den 1930er-Jahren in Dresden aufhielt, konnte die Anmut der Frauenkirche schon von Weitem bewundern. Ihre imposante Höhe von 91 Metern ließ die Gebäude am Neumarkt und die nördlich der Elbe liegenden Häuser der Neustadt vergleichsweise niedrig erscheinen. Weil sie das berühmte Elbpanorama beherrschte, galt sie fast zwei Jahrhunderte lang als Wahrzeichen der Stadt. Ab 1726 war die Frauenkirche vom Ratszimmermeister George Bähr (1666–1738) errichtet worden. Bährs Pläne für die erhabene glockenförmige Hauptkuppel waren seinerzeit von den Fachleuten stark kritisiert worden, weshalb die Bauarbeiten schließlich zum Erliegen kamen. Erst durch das Eingreifen Augusts des Starken (1670–1733) konnte der Kirchenbau 1743 – sechs Jahre nach Bährs Tod – abgeschlossen werden.

Wiederaufbau des Sakralbaus Von der markanten Frauenkirche, die einst Orientierung inmitten des Altstädter Häusermeers gab, ist auf der Luftaufnahme von 1993 kaum noch etwas zu erkennen. Wie die gesamte Innenstadt war der Sakralbau in der Nacht vom 13. zum 14. Februar 1945 in einem Feuersturm ausgebrannt. Das anhaltende Feuer ließ den Sandstein des Gotteshauses immer weiter ausglühen, sodass das Mauerwerk zwei Tage nach der Bombardierung in sich zusammenstürzte. Der Wiederaufbau der Kirche am nordöstlichen Rand des unbebauten Neumarkts war auch Ende des 20. Jahrhunderts noch nicht abgeschlossen: Mithilfe von Kränen wurde der Trümmerberg beseitigt, um Platz für die Rekonstruktion zu schaffen.

Symbol der Versöhnung Die neuen, helleren Quader der Frauenkirche leuchten weit in den Stadtraum hinein, während die alten, dunklen Steinblöcke von vergangenen Zeiten zeugen. Am 30. Oktober 2005 fand die feierliche Weihe der Frauenkirche statt. Im Rahmen dessen würdigte Bundespräsident Horst Köhler den wiedererstandenen Sakralbau als „Symbol des Optimismus". George Bährs „Glocke über dem alten Dresden" hat seither als geistiges Zentrum der Stadt und als Symbol der internationalen Versöhnung ihren Platz im Kreis der bisherigen 63 Kirchen und Gemeinden der Landeshauptstadt eingenommen.

Frauenkirche

Private Initiative macht die Wiedererrichtung möglich

1992 Der Wiederaufbau der Frauenkirche hatte lange auf sich warten lassen: Zwar war er schon direkt nach Kriegsende geplant, jedoch aus wirtschaftlichen und politischen Gründen während der DDR-Zeit nicht umgesetzt worden. Eine Verordnung des Dresdner Stadtrats von 1965 hatte vorgeschrieben, dass die aufrecht stehenden Mauerreste von Eckturm und Chor sowie der wüste Steinhaufen im Zwischenraum als „Mahnmal gegen den Krieg" erhalten bleiben sollten. So verwitterte die Kirchenruine immer mehr und zeigte sich im Jahr 1992 von Gras bewachsen, nunmehr zur Stätte des Friedens und der Erinnerung stilisiert.

„Dresden ruft" Insbesondere einer Dresdner Bürgerinitiative unter der Leitung des Dresdner Trompetenvirtuosen Prof. Ludwig Güttler ist es zu verdanken, dass sich die legendäre „Steinerne Glocke" der Frauenkirche wieder in den Himmel reckt. Nach der Wiedervereinigung hatte die Bürgerinitiative 1990 – am 45. Jahrestag der Zerstörung Dresdens – mit dem „Ruf aus Dresden" weltweit um Hilfe für die Restauration geworben. Die 1991 aus dem Förderkreis hervorgegangene „Gesellschaft zur Förderung des Wiederaufbaus der Frauenkirche e. V." sammelte seither Spenden. 129 Millionen Euro waren für den Aufbau nötig, etwa zwei Drittel der Baukosten wurden aus Spendengeldern gedeckt, ein Drittel wurde von der Stadt Dresden, dem Freistaat Sachsen und dem Bund finanziert.

In der Frauenkirche

Der Kirchenraum erstrahlt wieder in hellem Glanz

1993 Größer könnte der Kontrast nicht sein: Wo sich bis Mitte des 20. Jahrhunderts in zentraler Anordnung Kanzel, Taufstein, Altar und Orgel harmonisch zusammengefügt hatten, erhoben sich im Jahr 1993 vor dem Johanneum sowie den eingerüsteten Schloss- und Hofkirchtürmen die zertrümmerten Reste der barocken Frauenkirche. Mit dem Abtragen dieses 20 000 Kubikmeter umfassenden Trümmerbergs setzten die Wiederaufbauarbeiten ein, die sich auch in Bezug auf die Innenraumgestaltung in hohem Maße am historischen Vorbild orientierten. Überwiegend fand der alte Sakralbau des Barockbaumeisters George Bähr (1666–1738) in der neuen Frauenkirche optisch ein getreues Abbild. Nur vereinzelt wich man davon ab: So wurde beispielsweise keine zweite Kanzel errichtet und das unter den Trümmern geborgene, nicht rekonstruierte Turmkreuz wurde als Symbol der Erinnerung ins Kirchenschiff gestellt.

Zwar wurde die Orgelempore dem zerstörten Original nachempfunden, die durch die Feuersbrunst unwiederbringlich verlorene Silbermannorgel von 1736 konnte jedoch nicht rekonstruiert werden und musste durch eine moderne Orgel ersetzt werden.

Lichter Kirchenraum Viele, die den runden Kirchenbau zum ersten Mal betreten und von einem der 1818 Sitzplätze sein Inneres in Ruhe betrachten, sind von der hellen, farbenfrohen Ausstrahlung des hohen, von acht Pfeilern getragenen Raums überrascht. Nicht nur die Gesamtwirkung, auch die Einrichtungselemente ringen Bewunderung ab: Der festliche, reich mit Figuren und Ornamenten ausgestattete Altar, der Christus beim Beten im Garten Gethsemane zeigt, konnte zum Großteil aus historischem Material rekonstruiert werden. Die fünf halbkreisförmigen Emporenebenen fügen sich harmonisch unter die innere Kuppel in 24 Metern Höhe. Auf ihrer Wölbung sind in acht Bildfeldern die Evangelisten Johannes, Lukas, Markus und Matthäus sowie die christlichen Tugenden Barmherzigkeit, Glaube, Hoffnung und Liebe in figürlichen Ausmalungen abgebildet.

Unter der Frauenkirche

Ein neuer Ort der Andacht

1994 Im Jahr 1993 hatte man den Beschluss gefasst, den Zentralbau der Frauenkirche mit einem Grundriss von ungefähr 42 x 50 Metern, vier Ecktürmen und einer Steinkuppel mit 26 Meter Außendurchmesser in archäologischer Rekonstruktion neu zu errichten. Im selben Jahr fanden die ersten Bergungsarbeiten statt, bei denen das historische Baumaterial abgetragen und katalogisiert wurde. Dabei wurden auch die Gewölbe freigelegt. Ein Jahr nachdem die Kirche von ihren Trümmern befreit worden war, erfolgte die neuerliche symbolische Grundsteinlegung des Sakralbaus. Das Gotteshaus wurde mittels historischer Bautechniken und aus dem originalen Material, dem sächsischen Sandstein, in seiner ursprünglichen Gestalt wieder errichtet.

Kirche und Kultur Bereits 1996 konnte die Instandsetzung des unterirdischen Kirchenraums abgeschlossen werden. Die sanierte Krypta stand fortan für Andachten und Konzerte zur Verfügung. Regelmäßige Führungen informierten über den Fortschritt der Bauarbeiten über den Kellergewölben. Auch zur Dresdner Nacht der Kirchen, hier im Jahr 2003, nutzten die Einwohner und Besucher der Elbstadt die Gelegenheit, durch die Unterkirche des im Wiederaufbau befindlichen Gotteshauses zu wandeln und kulturellen Darbietungen in der Krypta beizuwohnen.

Neumarkt

Ein Platz erhält den richtigen Rahmen

1984 Zum dritten Mal in der Nachkriegsgeschichte hatten sich am 13. Februar 1984 rund 120 000 Menschen zu einer Friedenskundgebung zum Gedenken an die Bombenangriffe auf Dresden im Jahr 1945 zusammengefunden. Als Treffpunkt bot sich der über Jahrzehnte unbebaute Neumarkt rund um die Überreste der Frauenkirche an. Die DDR-Regierung hatte sich zwar einiger historischer Bauten wie dem Johanneum – dem einzigen erhaltenen historischen Gebäude am Platz – angenommen, doch den Aufbau alter Bürgerhäuser oder berühmter Hotels, wie etwa des „Hotel de Saxe", vernachlässigt. Stattdessen wurde von 1976 bis 1983 das Polizeipräsidium am Ostende des Neumarkts durch einen modernen terrassenförmigen Anbau im Plattenbaustil erweitert.

Die „neue Altstadt" Obgleich die Frauenkirche Stein für Stein in die Höhe wuchs, hatte die Sanierung des Neumarkts südlich des Gotteshauses bis 2004 stagniert. Doch dann fiel die Entscheidung für die Neuentstehung der barocken Bürgerhäuser und Renaissancegiebelgebäude, die den Marktplatz einst dominiert hatten. Über 4 Hektar verteilt, entstanden nach und nach ganze Straßenzüge neu. Geplant sind acht Bauquartiere rund um das unregelmäßige Platzbild des neu gepflasterten Neumarkts, ausgerichtet an der vormaligen geschlossenen Komposition des Platzes. Noch im Jahr 2015 bestimmt infolgedessen einige Bautätigkeit das Leben am Neumarkt, da die Arbeit noch nicht an allen Quartieren abgeschlossen ist. Der Wiederaufbau betrifft mehr als 60 Leitbauten und zu rekonstruierende Fassaden.

Lutherdenkmal

Die Ehre des Reformators wird wiederhergestellt

1945 Schwer beschädigt lag im Februar das Ehrenmal des Kirchenreformators Martin Luther (1483–1546) auf den Pflastersteinen des Neumarkts, nachdem es während des Großangriffs auf die Stadt kopfüber von seinem Sockel gestürzt war. Geschaffen wurde das Reformationsdenkmal nach einem Entwurf des Bildhauers Adolf von Donndorf (1835–1916). Der Kopf des Standbilds allerdings wurde nach einem Tonmodell seines Lehrers Ernst Rietschel (1804–1861) gefertigt, das ursprünglich für ein Wormser Lutherdenkmal bestimmt war. Bereits 1861 wurde das Ehrenmal aus Bronze gegossen, doch erst 1885 auf dem Dresdner Neumarkt direkt vor der Frauenkirche aufgestellt. Nach seiner Beschädigung im Zweiten Weltkrieg wurde das Denkmal 1955 instand gesetzt und an historischer Stelle wieder aufgestellt.

Später Ruhm Stolz hebt sich seit 2004 das restaurierte Lutherdenkmal von der Frauenkirche mit ihrem vergoldeten Turmkreuz ab. Zeitgleich mit der Bronzeplastik wurde seine Treppenanlage aus Granit und sein Sockel aus Syenit saniert. Einzig die im Krieg zerstörte schmiedeeiserne Einfriedung des Sockels samt Granitsäulen wurde nicht wieder hergestellt. Neben diesem Monument würdigt die Elbmetropole den Reformator, der 1516 und 1518 in der Stadt weilte, auch mit dem Martin-Luther-Platz und der Martin-Luther-Kirche in der Dresdner Neustadt. Luthers Lehren konnten sich erst ab 1539 in der Residenzstadt durchsetzen, da der sächsische Hof seinerzeit zu seinen größten Gegnern gehörte und die Stadt somit zu einem Mittelpunkt der Auseinandersetzung mit den neuen theologischen Lehren wurde.

Taschenbergpalais

Neubau nach Originalplänen

1990 Auch der Barockbau des Taschenbergpalais wurde in der Dresdner Bombennacht vom 13. Februar 1945 zerstört. Bis zum Jahr 1990 lag das einst kostbarste und modernste Gebäude seiner Epoche daraufhin brach: Durch die baufälligen Gemäuer des Palais sieht man den Turm der Hofkirche, über der Ruine ragt einer der Türme des unmittelbar angrenzenden Residenzschlosses. Dann wurde der denkmalgerechte Wiederaufbau eingeleitet: Gerüste wurden hochgezogen und Bagger gruben sich in die Erde. 1992 folgten archäologische Ausgrabungen, bei denen Teile der alten Dresdner Stadtmauer aus dem 13. Jahrhundert gefunden wurden.

Detailgenaue Rekonstruktion Der offizielle Auftakt zur Instandsetzung des barocken Prachtbaus war 1993. Das Palais wurde nach den Originalplänen des Baumeisters Matthäus Daniel Pöppelmann (1662–1736) neu erbaut. Zunächst mussten entsprechend der modernen Bedürfnisse Fundamente an der Südwand des Innenhofs entfernt werden, um Platz für eine Tiefgarage zu schaffen. Der Gestaltung der Fassade mit ihrem aufwendigen Giebelschmuck und zahlreichen Ornamenten wurde beim Wiederaufbau genauso viel Aufmerksamkeit gewidmet wie der Wiederherstellung der inneren Gebäudestruktur. Neu entstanden sind daher auch das barocke Treppenhaus sowie die historische Säulenhalle.

Edle Wohnstätte Nicht ganz so prunkvoll wie in der Vorkriegszeit, dafür aber umso stattlicher zeigt sich das Palais heute. Der insgesamt 127,8 Millionen Euro teure Wiederaufbau unter Verwendung der Originalbausubstanz aus der Zeit des sächsischen Barocks hatte bis ins Jahr 1995 gedauert. Seitdem beherbergt der Gebäudekomplex aus Mittelbau, West- und Ostflügel samt Innenhöfen das luxuriöse Grand-Hotel Kempinski. Es war Sachsens erstes 5-Sterne-Hotel.

Münzgasse

Beliebter Wirtshauswinkel wird herausgeputzt

1910 Eine unauffällige, kurze Gasse, an deren Ende sich ein Treppenaufgang zur Brühlschen Terrasse befindet, führt seit 1550 vom Neumarkt in Richtung Elbe. Bis zum Jahr 1849 hatte man die kleine Straße als „Große Fischergasse" bezeichnet, doch nach der Errichtung der „Neuen Münze", einer Münzprägestätte an der Ecke zur Frauenkirche, wurde sie in „Münzgasse" umbenannt. In ihren Wirtshäusern gaben sich Münzmeister, Händler, Handwerker, Stallknechte und Kutscher ein Stelldichein. Zur Zeit der Fotoaufnahme war der Neue Rathausturm in der Sichtlinie der Gasse gerade erst erbaut worden. 35 Jahre später türmten sich unterhalb der Brühlschen Terrasse die Ruinen der zerbombten Häuser und der Frauenkirche.

Weihnachtliches Gewimmel Nach ihrer architektonischen Auferstehung nach Ende des Zweiten Weltkriegs ist die Münzgasse wieder zum beliebten Bildmotiv geworden. Im Sommer wie im Winter herrscht hier munteres Gedränge und eine Reihe von internationalen Restaurants lädt zu zahlreichen Gaumenfreuden ein. Zur Adventszeit duftet es nach Glühwein, Lebkuchen, Stollen und Bratwürsten. Dann verwandelt sich die Gasse mit ihren kleinen Buden in einen verwunschenen Weihnachtsmarkt unter dem feierlichen Lichterschmuck von Herrnhuter Sternen.

Weihnachtsmarkt
an der Frauenkirche
01.12.-24.12. · täglich geöffnet

Brühlsche Terrasse

Geschichtsträchtiges Gemäuer in veränderter Umgebung

Um 1900 Flankiert von Residenzschloss, Hofkirche und Semperoper liegt etwa 10 Meter über der Elbe die Brühlsche Terrasse. Von der bis zu 200 Meter breiten Promenade des Festungswalls aus lassen sich die historische Kulisse Dresdens und der vor dem Neustädter Königsufer liegende Elbflusslauf ausnehmend gut bewundern. Das wussten schon die Reisenden des 19. Jahrhunderts, weshalb sie die Brühlsche Terrasse als „Balkon Europas" bezeichneten. Das Gebäudeensemble liegt auf dem Gelände der alten, von 1519 bis 1529 errichteten Stadtbefestigung, deren unterhalb der Terrasse liegende Kasematten heute ein Museum beherbergen. Nachdem die Festungsanlage 1739 durch eine Schenkung des sächsischen Kurfürsten Friedrich August II. (1696–1763) in den Privatbesitz seines Premierministers Heinrich von Brühl (1700–1763) übergegangen war, fand eine Umgestaltung des Areals statt. Der Reichsgraf ließ Mitte des 18. Jahrhunderts auf dem elbseitigen Festungswall ein kostspieliges Palais, eine Gemäldegalerie, eine Bibliothek, einen Gartensaal und einen Lustgarten errichten. Ab 1884 gestaltete man nahezu alle Gebäude an der etwa 500 Meter langen Flaniermeile um, sodass der westliche Teil der Brühlschen Terrasse um 1900 von Bauzäunen gesäumt war. Auch an der im Hintergrund sichtbaren Augustusbrücke wurde gebaut: In jenen Tagen wurde sie um ihre Anbindung zum Schlossplatz beraubt.

Neue Silhouette Das kurfürstliche Zeughaus musste ab 1884 dem Museumsbau des Albertinums weichen und das Brühlsche Palais wurde abgerissen. Von der ursprünglichen Anlage des Ministers Brühl sind heute nur noch das schmiedeeiserne Brüstungsgeländer und der Delphinbrunnen erhalten. An die Stelle der „Brühlschen Herrlichkeiten" traten im Laufe der Jahre Monumentalbauten wie die hell gestrichene, mittlerweile zum Dresdner Hilton Hotel gehörende Sekundogenitur sowie die massive ehemalige Königliche Kunstakademie, die heute die Hochschule für Bildende Künste beherbergt. Seit der Fertigstellung des Ständehauses zwischen 1901 und 1906 ragt zudem eine weitere Turmspitze in die Höhe, die die Silhouette der Elbmetropole bestimmt. Am Elbufer unterhalb der Brühlschen Terrasse locken die Dampfer der „Weißen Flotte" zur Stadtrundfahrt.

Ständehaus

Volksvertretung mit neuen Aufgaben

Anfang des 20. Jahrhunderts Neben der 1814 errichteten breiten Freitreppe, die von der Brühlschen Gartenanlage zum Schlossplatz hinab führte, erbaute man nach dem Abriss des Brühlschen Palais von 1901 bis 1906 ein Ständehaus mit mehreren Sitzungssälen. Das Gebäude diente von 1907 bis 1934 als Sitz des Sächsischen Landtags und brannte 1945 aus. Da der Bau an sich jedoch erhalten blieb, konnte er in der Folgezeit weitgehend rekonstruiert werden. Bis 1999 fanden hier das Staatliche Museum für Tierkunde, das Staatliche Museum für Mineralogie und Geologie sowie die Deutsche Fotothek ihr Domizil.

Gekrönt von „Saxonia" 1993, nach dem Abschluss der äußeren Wiederherstellung, leuchtet das Kupferdach des trapezförmig angelegten Ständehauses wieder, und von seiner 50 Meter hohen Turmspitze grüßt noch immer die goldene Saxonia – Symbolfigur des Landes Sachsen. Bis zur Jahrtausendwende wurde das einstige Landtagsgebäude an der westlichen Spitze der Festungsmauern rundum erneuert, sodass das 1999 hier eingezogene Oberlandesgericht Dresden einen würdigen Sitz erhielt. Der sandsteinverkleidete Monumentalbau im Stil der Neorenaissance ist reich mit Figuren geschmückt, und am Dachgiebel prangt das königlich-sächsische Wappen. Das 1907 aufgestellte Bronzedenkmal König Alberts von Sachsen (1828–1902), der das Land von 1873 bis 1902 regierte, ist jedoch verschwunden. Seit 2008 steht das restaurierte Denkmal König Friedrich Augusts I. (des Gerechten) vor dem Ständehaus. Die Skulptur von Ernst Rietschel (1804–1861), die den ersten Sachsenkönig (1750 bis 1827) zeigt, fand ihren Weg vom Zwinger an diesen neuen Standplatz und blickt nun auf den in der Augustusstraße liegenden Fürstenzug – einen Reiterzug, der mit 957 Quadratmetern Fläche als weltweit größtes Porzellanbild gilt.

MALKASTEN

1971 Von den Einwohnern Dresdens wird sie ihrer einzigartigen Form wegen liebevoll „Zitronenpresse" genannt – die gefaltete Kuppel über der achteckigen Aula der Kunstakademie. Die 1764 gegründete „Allgemeine Kunst-Academie der Malerey, Bildhauer-Kunst, Kupferstecher- und Baukunst" war aus der 1680 gestifteten „Zeichen- und Malerschule" hervorgegangen und zählt damit zu den ältesten Einrichtungen ihrer Art. War die Institution bis 1886 noch in der Brühlschen Bibliothek untergebracht, errichtete man für die damals „Königliche Kunstakademie" zwischen 1887 und 1894 ein prächtiges Gebäude an exponierter Stelle. Der im Stil des Historismus gehaltene Komplex wurde am Ort des früheren Café Reale hinter der Frauenkirche und dem Coselpalais erbaut. Nach dem Zweiten Weltkrieg war die Hochschule für Bildende Künste bereits 1947 wiedereröffnet worden, doch bis 1990 dauerte die Instandsetzung der Akademiegebäude an. Während das Gebäude nach seiner Beschädigung im Weltkrieg 1968 neu verglast worden war, harrten 1971 einige Fassadensteinblöcke der Ausstellungshalle noch der Dinge.

Internationales Renommee In der Nachwendezeit wurde die Ausstellungshalle bis 2005 saniert. Spätestens seitdem ist das Gebäude mitsamt seiner auf ihm thronenden 5 Meter hohen vergoldeten Plastik – der Fama – aus dem Dresdner Stadtbild nicht mehr wegzudenken. Ihr internationales Ansehen verdankt die Lehrstätte für Bildhauerei, Baukunst und Malerei den zahlreichen namhaften Künstlern, die an der Akademie über die Jahrhunderte hinweg wirkten, wie etwa Canaletto, Caspar David Friedrich, Otto Dix und Oskar Kokoschka. Seit 2007 spiegelt sich das Oktogon der Kunstakademie, die einen großen Teil der Brühlschen Terrasse einnimmt, in der Glaswand eines modernen Anbaus des Coselpalais wider. Aus dieser Perspektive sieht man die – im Vergleich zur lang gezogenen, elbseitigen Schauseite – bildhauerisch weniger reich geschmückte Südseite der Fassade.

Das Elbpanorama

Dresden als Gesamtkunstwerk wieder zum Glänzen gebracht

Um 1840 Denkt man an Dresden, dann kommen Sehenswürdigkeiten wie die Sixtinische Madonna oder der Zwinger in den Sinn. Doch von atemberaubender Schönheit sind nicht nur einzelne Kunst- oder Bauwerke – auch die Silhouette der historischen Altstadt sucht ihresgleichen. Zur Zeit dieser Stadtansicht, die der Stahlstich zeigt, hatte die industrielle Revolution, bei der Sachsen eine Vorreiterrolle übernahm, noch nicht in Dresden Einzug gehalten. Bis der kontinuierliche Ausbau zur modernen Großstadt einsetzte, konnten die Fischer ihr Tagewerk noch mitten im Zentrum Dresdens verrichten.

Raddampfer statt Fischerboote Vor allem, wenn sich die Kuppeln, Türme und Prunkgebäude entlang der Brühlschen Terrasse im Wasser der Elbe spiegeln, lässt sich der sprichwörtliche Glanz der einstigen Residenzstadt spüren. Die Fotografie zeigt das heutige Elbpanorama unter einem atmosphärischen Himmel. Heute befahren nicht mehr Fischerboote, sondern die Raddampfer der Weißen Flotte die Elbe. Am Altstädter Ufer sind oberhalb deren Anlegestelle neue Bauten hinzugekommen: die Kunstakademie, die Sekundogenitur und das Landtagsgebäude.

Synagoge
Architektur im Wandel der Zeit

1875 Läuft man vom Schlossplatz über die Brühlsche Terrasse in Richtung Carolabrücke, so gelangt man auf den Hasenberg. Hier war im 19. Jahrhundert nahe des ehemaligen Gondelhafens ein Gotteshaus für die jüdische Gemeinde Dresdens errichtet worden. Sowohl für die eindrucksvolle Außen- als auch für die Innengestaltung der Synagoge in maurischem Stil war der berühmte Architekt Gottfried Semper (1803–1879) verantwortlich. Dieser entwarf den byzantinischen Kreuzkuppenkirchen ähnelnden Sakralbau als Oktogon mit einem pyramidenförmigen Dach. Im Jahr 1840 wurde die Synagoge nach zweijähriger Bauzeit geweiht.

Menora-Gedenkstele In der Reichspogromnacht vom 9. November 1938 war die Sempersche Synagoge in Brand gesetzt worden. Ihre Ruinen wurden später abgerissen, einzig der goldene Davidstern konnte gerettet werden. Eine Stele in Form eines siebenarmigen jüdischen Leuchters mahnt zu ihrem Gedenken. Sie wurde am historischen Standort auf der verbliebenen Grünfläche unweit des Albertinums aufgestellt.

Feinsinnige Konstruktion 1996 wurde an der Ostseite der Brühlschen Terrasse ein neuer Synagogenbau begonnen. Am 9. November 2001, genau 63 Jahre nach der Zerstörung des ursprünglichen Sakralbaus, wurde das moderne Bauwerk geweiht. Zur optischen Geschlossenheit der Umgebung trägt die gelbgraue Färbung des Betons bei, die sich gut in die Sandsteinarchitektur der Altstadt einfügt und gleichzeitig an die Klagemauer in Jerusalem erinnern soll. Die massiven Formsteine wurden zu einem 24 Meter hohen, in sich stufenweise gedrehten Kubus aufgeschichtet. Der Davidstern, das einzige erhaltene Originalstück des alten Bauwerks, ziert sein Eingangstor. Gegenüber der fensterlosen Synagoge wurde ein würfelförmiges Gemeindehaus erbaut. Zwischen den zwei Kuben befindet sich heute auch ein Baumhain, der den Grundriss der einstigen Synagoge markiert.

Die Elbe

Jahrhunderthochwasser wirft den Wiederaufbau zurück

2002 Ab dem 13. August stieg der Pegel der Elbe gewaltig an und setzte weite Teile des Dresdner Stadtzentrums – darunter auch Teile des Residenzschlosses und das Taschenbergpalais, den Theaterplatz zwischen Hofkirche und Semperoper und den dahinter liegenden neuen Sächsischen Landtag – zum Teil vollständig unter Wasser. Ausgelöst wurde das Hochwasser durch heftige Regenfälle im Erzgebirge. Sie führten zum Überlaufen der Talsperren Malter und Klingenberg und somit zur Überschwemmung weiter Teile Dresdens. Im Verlauf des Hochwassers wurde am Altstädter Pfeiler der Dresdner Augustusbrücke mit 9,40 Metern der höchste Pegelstand gemessen. Beim letzten verheerenden Hochwasser von 1845 waren es „nur" 8,77 Meter gewesen. Als Folge des Jahrhunderthochwassers stand das gesamte Elbufer zwischen Marien- und Augustusbrücke unter Wasser, letztere wurde sogar für Fußgänger gesperrt.

Während des Jahrhunderthochwassers wurden zur Sicherheit insgesamt 35 000 Menschen aus den elbnahen Stadtteilen evakuiert, 100 000 verfügten zeitweise über keinen Strom.

Wieder im Flussbett Die Elbe schlängelt sich wieder gemächlich durch das Dresdner Stadtgebiet und lädt mit ihren breiten Wiesen zum Verweilen ein. Wie der Blick aus einem Flugzeug auf den historischen Neumarkt, die Augustusbrücke und die bis weit ins Zentrum reichenden breiten Flusswiesen beweist, sind die Schäden des Rekordhochwassers mittlerweile vollständig beseitigt. Der blaue Strom – die wahre Mitte der Stadt – fließt wieder mit seiner normalen Wassermenge. Die historischen Bauten und das Kulturerbe konnten durch die Unterstützung der weltweiten Öffentlichkeit und durch das beherzte Engagement der Dresdner Stadtbürger in den ursprünglichen Zustand versetzt werden. Beispielhaft für diesen Hilfseinsatz steht das im Juni 2010 wiedereröffnete Albertinum (rechts unten im Bild): Zeitgenössische Künstler ließen eigene Bilder versteigern, um so ihren Beitrag zum 51 Millionen Euro teuren Um- und Neubau zu leisten. Der Museumskomplex, der durch das Hochwasser 2002 beträchtliche Schäden erlitten hatte, zeigt in der Galerie Neue Meister und der Skulpturensammlung nun Kunstwerke aus dem 19. bis ins 21. Jahrhundert.

Die Elbe

Stetiger Wechsel zwischen Hoch- und Niedrigwasser

2006 Von Heißluftballons aus, die sich im Sommer allerorts über der Stadt erheben, bietet sich an einigen Stellen ein recht kläglicher Blick auf die ansonsten meist so wasserreich dahinfließende Elbe. Wenn sich die Stadtsilhouette nur noch in den Pfützen des Flussbetts spiegelt, ist es wieder soweit: Der 1091 Kilometer lange Fluss führt Niedrigwasser und die Raddampfer der Weißen Flotte müssen vor Anker bleiben. Auf dem Flusslauf bei Dresden herrschen oft – vor allem im Sommer – so niedrige Pegelstände, dass die Dampf- und Binnenschifffahrt sowie der Fährbetrieb nicht nur eingeschränkt, sondern gänzlich eingestellt werden müssen. Dies ist der Fall, wenn die Fahrrinnentiefe zwischen dem tschechischen Grenzort Schmilka und der sächsischen Landeshauptstadt unter einem Meter liegt.

Ende der Zwangspause Das Schwanken zwischen Hoch- und Niedrigwasser ist für den gesamten Naturraum Elbe charakteristisch. So fiel der Pegelstand des Flusses beispielsweise im Juli 2006 auf 90 Zentimeter. Nur zwei Wochen später, im August desselben Jahres, stand der Wasserpegel bereits bei 4 Metern. Nach ihrer Zwangspause konnten die Fähren und Schiffe, die die Elbe in der Gegend von Dresden befahren, wieder ihren Betrieb aufnehmen.

Die Weißeritz
Wassermassen und Kunstrettungsaktion

2002 Der Innenhof des historischen, zwischen 1710 und 1719 in seiner jetzigen Form errichteten Zwingers steht unter Wasser. Am 17. August stieg der Pegel der Elbe in der Nähe des Dresdner Barockbaus, der unter anderem eine weltberühmte Gemäldesammlung beherbergt, auf seinen Höchststand. Aber nicht nur die Elbe, sondern auch ihr kleiner Zufluss Weißeritz im Westen der Stadt war in der Nacht vom 12. auf den 13. August über die Ufer getreten. So wurde die Stadt aus zwei Richtungen überschwemmt und der Zwinger lag im Zentrum der Überflutungen. Obwohl immer höhere Sandsackbarrikaden errichtet wurden und die Pumpen der Feuerwehr und des Technischen Hilfswerks pausenlos auf Hochtouren liefen, stand während des Jahrhunderthochwassers neben vielen anderen Gebäuden auch der Zwinger unter Wasser. Die dort befindlichen Kunstwerke wurden zunächst in den Keller gebracht. Als auch dort die Wassermassen einbrachen und mehrere Artefakte beschädigten, mussten die Kunstschätze schnellstmöglich evakuiert werden.

Rückkehr zur Normalität Mehrere Tage hatte es gedauert, bis der gesamte Zwingerinnenhof leergepumpt war. 2003, rund ein Jahr nach der Überflutung und der damit verbundenen größten Kunstrettungsaktion zu Friedenszeiten, war der Innenhof des Zwingers wieder als solcher zu erkennen und nur noch das Wasser des Zwingerteichs fand sich im angestammten Areal. Die Rasenflächen wuchsen langsam nach und im Hof und in den Sälen des Zwingers hielt man bereits wieder Klassikkonzerte ab. Nach und nach wurden auch die anderen Gebäude trockengelegt und restauriert.

Die Weiße Flotte

Raddampfer wie anno dazumal

1905 Die sächsische Landeshauptstadt nennt viele Superlative ihr Eigen. Dazu gehört auch die größte und älteste Raddampferflotte der Welt. Gegründet wurde das Unternehmen 1837 von zwölf Dresdner Kaufleuten, die ein Jahr zuvor das Privileg zur Dampfschifffahrt im Königreich Sachsen erhalten und den ersten sächsischen Personendampfer mit dem Namen „Königin Maria" gebaut hatten. Bereits Anfang des 20. Jahrhunderts legten die Schiffe der damaligen „Sächsisch-Böhmischen Dampfschifffahrtsgesellschaft" von den zahlreichen linkselbischen Anlegestellen am Terrassenufer ab. Seitdem ist die sogenannte Weiße Flotte ein Touristenmagnet: Die Schönheit der im Elbtal gelegenen Residenzstadt, deren wichtigste Bauten sich zur Elbe hin orientieren, erschließt sich vom Deck eines der historischen Schaufelraddampfer besonders gut.

Flottenparade 33 Raddampfer zählte die Flotte noch 1911, zu DDR-Zeiten waren es immerhin noch zehn. Neun davon sind heute noch auf der Oberelbe im Einsatz und laden neben den regulären Rundfahrten auch zu stimmungsvollen Jazz-, Dixieland- und Sommernachtstouren ein. Jährlich am 1. Mai formieren sich die detailgetreu rekonstruierten Oldtimer zur stadtbeliebten Parade, die sich von der Carolabrücke aus verfolgen lässt. Auf einigen der alten Dampfer können die Passagiere die halb offenen Maschinenräume besichtigen und den rhythmischen Bewegungen der Kolbenstangen lauschen, die die breiten Schaufelräder antreiben. Die Schiffe, die elbaufwärts durch die Sächsische Schweiz bis ins böhmische Děčín oder elbabwärts bis nach Seußlitz bei Meißen verkehren, ziehen vorbei an beschaulichen Elbhängen mit kleinen Schlössern, herrschaftlichen Villen und Weinbaugebieten.

Architektonische Vielfalt am Theaterplatz Residenzschloss, Hofkirche, Semperoper, Zwinger mit Gemäldegalerie und das Italienische Dörfchen – all diese bekannten Sehenswürdigkeiten Dresdens verteilen sich rund um den Theaterplatz, wie in der Luftaufnahme zu erkennen ist. Ein geeigneter Ausgangspunkt also, um die Stadt zu erkunden!

Rund um das Residenzschloss

Über Jahrhunderte gewachsene Harmonie Im weltbekannten Dresdner Stadtpanorama ragt das Residenzschloss mit seinem Hausmannsturm aus dem 15. Jahrhundert weithin sichtbar heraus. Das repräsentative Schloss liegt mit seinen Nachbarbauten der Hofkirche, dem Zwinger und der Semperoper inmitten des historischen Stadtkerns. Über die Jahrhunderte wurde das Residenzschloss immer wieder umgebaut und erweitert, doch sein Äußeres nahm nach und nach eine einheitliche Gestalt an. Damit ist das einstige Residenzschloss zur würdigen Heimstatt für das berühmte Grüne Gewölbe geworden, aber auch für den prachtvollen Stallhof und den imposanten Fürstenzug.

Augustusbrücke

Am Kriegsende gesprengte Zeitzeugin

Um 1900 Von seinen bezauberndsten Seiten lernt man Dresden kennen, wenn man zu Fuß von der Augustusbrücke über den Schlossplatz stromaufwärts bis zum Blauen Wunder oder sogar noch ein Stück weiter bis zum Schloss Pillnitz wandert. Bereits vor über einem Jahrhundert eröffnete sich dem Betrachter am Ausgangspunkt dieses Spaziergangs ein grandioser Ausblick auf die Elbe, an deren Altstädter Seite sich um 1900 das Stadtschloss mit Georgentor und Hausmannsturm, die Hofkirche, die Sophienkirche, der Semperbau des Zwingers, das Italienische Dörfchen, die Semperoper und das Hotel Bellevue harmonisch nebeneinander aufreihten. Die sandsteinverkleidete Augustusbrücke zeigte sich zu dieser Zeit bereits von Fußgängern, Straßenbahnen und Pferdekutschen stark frequentiert. Die Brücke ist die älteste Flussquerung der Residenzstadt. Erstmals urkundlich bezeugt wurde sie im Jahr 1287. In der ersten Hälfte des 18. Jahrhunderts wurde die Augustusbrücke aufgrund der zunehmenden Verkehrsdichte vom Barockbaumeister Matthäus Daniel Pöppelmann (1662–1736) auf 6,80 Meter verbreitert und blieb noch bis 1852 die einzige Brücke im Innenstadtbereich.

Nach der Rekonstruktion Schon bald musste die Augustusbrücke abgerissen werden, weil die engen Brückenbögen keine ausreichende Durchfahrtshöhe für die Elbschifffahrt mehr boten. Die Abbauarbeiten dauerten bis ins Jahr 1907. In der Zeit von 1907 bis 1910 wurde der Neubau fertiggestellt. Die Elbquerung, die hier vom vorweihnachtlichen Lichtermeer zwischen den schmiedeeisernen Laternen beleuchtet wird, hatte zwar die alliierten Bombenabwürfe schadlos überstanden, war jedoch einen Tag vor Kriegsende, am 7. Mai 1945, von der SS gesprengt worden, um ein mögliches Übersetzen sowjetischer Truppen zu verhindern. Bis 1949 rekonstruierte man die Überführung – eine von heute vier Brücken, die sich im Dresdner Zentrum über die Elbe spannen – gemäß ihres Zustands von 1910. Die Ansicht aus dem Jahr 2004 belegt, wie wenig sich neben der Augustusbrücke, die sich durch die Rekonstruktion ihr Äußeres weitgehend bewahrt hat, seit dem letzten Jahrhundert auch Schlossplatz- und Theaterplatzensemble verändert haben. Nur die Sophienkirche und das Hotel Bellevue sind verschwunden, stattdessen liegt unterhalb des Italienischen Dörfchens inzwischen der Theaterkahn vor Anker.

Katholische Hofkirche

Neu erstandener Bischofssitz

Um 1946 Die Bombardierung Dresdens 1945 hatte überall in der Dresdner Innenstadt ihre Spuren hinterlassen. Wie allerorts beseitigten zahlreiche Trümmerfrauen auch auf dem Theaterplatz die überall herumliegenden Überreste der zerstörten Gebäude. Im Hintergrund überragte die ausgebombte Hofkirche mit ihrem eingestürzten Mittelschiffgewölbe die Trümmerhaufen. Sie diente als Zugang zu den königlichen Kirchenlogen. Den Bau der katholischen Kirche hatte 1739 Kurfürst Friedrich August II. (1696–1763) beim italienischen Baumeister und Architekten Gaetano Chiaveri (1689–1770) in Auftrag gegeben. Dies geschah unter höchster Geheimhaltung, denn die vorwiegend protestantische Bevölkerung Sachsens hatte es nicht gebilligt, dass der Vater des Kurfürsten, August der Starke (1670–1733), im Jahr 1697 mit seinem kompletten Hofstaat zum katholischen Glauben konvertiert war, nur um polnischer König werden zu können. Erst 1755 wurde dieser letzte Dresdner Barockbau schließlich vollendet.

Größter sächsischer Kirchenbau Grazil wirkt die Hofkirche trotz ihrer beeindruckenden Größe in der abendlichen Beleuchtung. Bis 1965 hatte der Wiederaufbau gedauert. Heute ist ihr ovaler Grundriss, der im spitzen Winkel zu Schloss und Hausmannsturm angeordnet ist, deutlich zu erkennen. Die Balustraden der Kirche sind mit 78 Steinfiguren geschmückt, die Heilige, Apostel und Kirchenfürsten darstellen. Auch die Innenausstattung lässt sich wieder in voller Pracht bestaunen. Sehenswert sind die erhaltene Rokokokanzel des Bildhauers Balthasar Permoser (1651–1732) sowie eine Orgel des berühmten Orgelbauers Gottfried Silbermann (1683–1753). Darüber hinaus ruhen hier vier wettinische Herrscher und in einer silbernen Kapsel das Herz Augusts des Starken, dessen Grab in der Krakauer Kathedrale liegt. Der letzte Dresdner Barockbau genießt noch immer eine herausragende Bedeutung: Die katholische Hofkirche wurde 1980 zur Kathedrale St. Trinitatis des Bistums Dresden-Meißen erhoben. Damit ist sie erstmals in ihrer Geschichte Sitz eines Bischofs.

Italienisches Dörfchen

Umfunktionierung einer Werkssiedlung

Um 1880 Zeitgleich mit dem Bau der Hofkirche entstanden ab 1739 am linkselbischen Terrassenufer 32 niedrige Quartiere, in denen sich die am Bau beteiligten italienischen Handwerker und Künstler einrichteten. Angeworben hatte sie ihr Landsmann, der Architekt Gaetano Chiaveri. Das enge Häusergeflecht der neuzeitlichen Dombauhütten bezeichnete man schon bald als Italienisches Dörfchen. Als Dresden später zum Zentrum des deutschen Kulturschaffens wurde, wohnten hier zahlreiche Künstler. So lebte hier zeitweise auch der Komponist und Dirigent Carl Maria von Weber (1786–1826). Als königlicher Kapellmeister und Direktor des Hoftheaters bezog er 1817 in unmittelbarer Nähe zu seiner Arbeitsstätte seine erste Dresdner Wohnung.

Neubau mit altem Namen Wo einst der für den Bau der Hofkirche bestimmte Sandstein ankam und später die Dampfschiffe der Meißner Linie anlegten, ankert heute der Theaterkahn, auf dem die Dresdner und ihre Besucher Theateraufführungen in einmaliger Atmosphäre genießen können. Zur Uferstraße gelangt man von der Ostseite des Italienischen Dörfchens aus über eine 1910 errichtete Freitreppe, die die Augustusbrücke unterquert. Spricht man heute vom „Italienischen Dörfchen", so ist damit das Restaurant an der Elbseite des Theaterplatzes gemeint. Seine Ursprünge gehen auf die beliebte Helbigsche Gastwirtschaft aus der Mitte des 19. Jahrhunderts zurück, die nach dem Abriss der meisten Siedlungshäuser an der Nordseite des Theaterplatzes erbaut worden war. Das heute noch zu bewundernde Gaststättengebäude wurde jedoch erst zwischen 1911 und 1913 vom Dresdner Stadtbaurat Hans Erlwein (1872–1914) errichtet. Als flaches, sandsteinverkleidetes Gebäude mit Mansardgeschoss, das durch einen Verbindungsbau mit einem rechteckigen Pavillon verbunden ist, passte es sich harmonisch in die Umgebung der Prunkbauten am Platz ein. Im Zweiten Weltkrieg ausgebrannt und ab 1956 wiederaufgebaut, musste die Gaststätte 1989 nochmals vorübergehend geschlossen werden. Erst 1994 konnte sie nach einer umfassenden Restaurierung wieder eröffnet werden.

Semperoper
Königliche Kulisse mit bewegter Vergangenheit

1896 Wahrhaft königlich war das „Erste Hoftheater" im Stil der italienischen Frührenaissance, das Gottfried Semper (1803–1879) von 1837 bis 1841 im Auftrag des sächsischen Königs Friedrich August II. (1797–1854) neben dem Zwinger erbaute. Nur einige Jahre später, am 21. September 1869, stand der schöne Rundbau jedoch in Flammen. Ausgebrochen war der Brand auf dem Dachboden, verursacht durch die Fahrlässigkeit von Theatergehilfen. Mithilfe von Löschwagen versuchten die Einwohner der Stadt, dem Brand Herr zu werden. Zur Löschwasserversorgung wurden selbst auf dem nahe gelegenen Hotel Bellevue Wasserschläuche verlegt. Trotz aller Bemühungen brannte das Opernhaus nahezu vollständig nieder. Bereits 1871 begann man mit dem Neubau des „Zweiten Königlichen Hoftheaters" – getreu den Entwürfen Sempers. Beendet wurde der Neubau 1878.

Neubau setzt Maßstäbe Das neue Hoftheater war größer und noch prächtiger als der alte Bau. Gottfried Semper hatte das – heute nach ihm benannte – dreigeschossige Theater- und Opernhaus zudem ein Stück nach hinten verlagert, um die Raumwirkung des Theaterplatzes zu vergrößern. Der Neubau galt als eines der schönsten Veranstaltungsgebäude seiner Zeit und besaß eine hervorragende Akustik – mit ein Grund dafür, dass hier seit 1911 ausschließlich Opern aufgeführt wurden. Viele Werke des Komponisten Richard Wagner (1813–1883), der ab 1843 als Königlich-Sächsischer Kapellmeister an der Dresdner Semperoper wirkte, erlebten hier ihre Uraufführung. Die letzte Vorstellung hielt man am 31. August 1944 ab: Es erklang Carl Maria von Webers (1786–1826) „Freischütz".

Wahrzeichen der Kunststadt Im Februar 1945 brannte der Opernbau durch die Luftangriffe auf die Stadt Dresden ein weiteres Mal nieder. Nur die Außenfassade und einige Skulpturen blieben erhalten. Nach Sicherungsarbeiten an den Mauerruinen zwischen 1952 und 1956 wurde 1977 der Grundstein für den zweiten Wiederaufbau gelegt. Ende der 1980er-Jahre ließ sich der Zuschauerraum inmitten der Holzgerüste bereits wieder erahnen. Am 13. Februar 1985 wurde die Semperoper – mit der Aufführung des „Freischütz" – wiedereröffnet. Nach einer Pause von 40 Jahren konnte die bedeutende Musiktradition der Semperoper fortgeführt werden. Symbolisch steht die „Sächsische Staatsoper" mit dem vorgelagerten Theaterplatz heute für die Schönheit Dresdens. Eine besondere Ausstrahlung erhält das Ensemble am Theaterplatz, bestehend aus dem klassischen Theaterbau mit seiner halbrund geschwungenen Fassade von 84 Metern Breite, der Panther-Quadriga über dem imposanten Eingangsportal und dem beeindruckenden König-Johann-Denkmal, im Abendlicht.

In der Semperoper

Eine Ruine erhält neues Leben

1977 Betrachtet man heutzutage die herrlich bemalten Foyers, den gewaltigen Lüster unter dem beeindruckenden Deckengewölbe im großen Saal oder den formvollendet bestickten Bühnenvorhang der Semperoper, fällt es meist schwer, sich die ausgebrannten Ruinen vorzustellen, die hier jahrzehntelang von diesem traditionsreichen Gebäude zu sehen waren. Noch bis Mitte der 1980er-Jahre erinnerte die große Leere des zerstörten Innenraums an die Folgen der Kriegsjahre. Doch dann begann die originalgetreue und detaillierte Restaurierung, bei der zudem an einigen Stellen die Bühnentechnik modernisiert wurde.

Zum Ballsaal umgebaut Die feinsinnige Innenarchitektur und die allseits gelobte Akustik der Semperoper sind inzwischen wieder eine herrliche Symbiose eingegangen. Es erklingt Musik vom Feinsten und reich verzierte Leuchter erhellen festlich den bei normalem Spielbetrieb 1300 Zuschauer fassenden Raum. Auf dem regelmäßig stattfindenden Opernball tanzen mehr als 2000 Gäste sowohl auf der 13 Meter breiten Bühne als auch auf dem vom Stuhlwerk befreiten Parkett, beobachtet von den übrigen Ballgästen von den vier Rängen und der Königsloge herab. Der Opernball hat sich zu einem bedeutenden Kulturereignis in Deutschland und Europa entwickelt.

Residenzschloss

Zerstörung und Neubau

Um 1970 Wie fast alle bekannten Bauwerke der Elbmetropole war auch das Residenzschloss durch die Bombenabwürfe 1945 stark in Mitleidenschaft gezogen worden. Wenngleich einige Renaissancetore erhalten blieben, so waren weite Teile des 500 Zimmer und Säle fassenden Schlosskomplexes ausgebrannt. In den Flammen ging zudem ein Großteil des wertvollen Interieurs verloren. Zerstörung und Neubau prägen die gesamte Geschichte des Vierflügelbaus, der auf das Ende des 15. Jahrhunderts zurückgeht. Ursprünglich im 12. Jahrhundert als Burg erbaut, begann die Umgestaltung bereits um 1400 mit dem Bau des Hausmannsturms. Schon 1701 war der Nord- und Ostflügel des Gebäudes einem Schlossbrand zum Opfer gefallen, wonach August der Starke (1670-1733) zwischen 1717 und 1719 die zerstörten Teile wieder aufbauen ließ und den Bau um eine wirkungsvolle Fest- und Repräsentationsetage erweiterte. Der letzte große Umbau der Vorkriegszeit, bei dem das Gebäude vorwiegend im Stil der Neorenaissance umgestaltet wurde, erfolgte 1889 bis 1901, als sich das wettinische Herrschergeschlecht für seine 800-Jahr-Feier rüstete. Noch bis 1918 blieb das Schloss Wohn- und Regierungssitz der albertinischen Linie der Wettiner.

Alt und Neu Während der Jahrzehnte nach Kriegsende hätten sich die Dresdner wohl kaum träumen lassen, dass das ehemalige Machtzentrum, in dem seit 1485 die sächsischen Kurfürsten und Könige residiert hatten, ab 1986 schrittweise als Museumsgebäude wiederaufgebaut werden würde. Heute ist in Dresden das Nebeneinander von Alt und Neu allgegenwärtig. Vom Glockenspielpavillon des historischen Zwingerbaus herab sieht man auf den Westflügel des Schlosses. Bereits 2006, zur 800-Jahr-Feier der Stadt, waren die meisten Restaurierungsarbeiten am baulichen Erbe des Stadtschlosses beendet. Seit 2009 ist der Kleine Schlosshof mit einer transparenten Membran überdacht und so zu einem Foyer für die Schlossbesucher geworden. Die von Peter Kulka entworfene Dachkonstruktion besteht aus rund 1400 Quadratmetern Folienkissen.

Grünes Gewölbe

Prunkvolle Schatzkammer

1950er-Jahre Die Bombenabwürfe über Dresden hatten zahlreiche Kunstschätze heimatlos werden lassen. Das Bild des Nordflügels des Residenzschlosses mit dem Stumpf des Hausmannsturms, der leeren Hülse des Georgenbaus vor der Hofkirche und den Überresten des Ostflügels zeigt, wie immens die Zerstörungen waren. Auch der Westflügel und mit ihm die Prunkräume des Grünen Gewölbes erlitten schwere Schäden: Drei Säle hatten den Feuersturm nicht überstanden, fünf waren beschädigt worden. Glücklicherweise hatten alle beweglichen Kunstgegenstände auf der Festung Königstein in der Sächsischen Schweiz die Zeit der Kriegsverwüstungen überdauert. Ursprüngliche Heimstatt dieser kulturellen Schätze war die 1560 eingerichtete kurfürstliche Kunstkammer im Moritzbau des Schlosses. Die sogenannte „Geheime Verwahrung" wurde 1572 zum „Grünen Gewölbe", als die malachitgrünen Bauteile des Preziosensaals auf die Wände des Raumes abfärbten.

Geteiltes Museum Reichlich Zeit einplanen sollte, wer die Dauerausstellungen im Residenzschloss heute besichtigen möchte. In der Präsentation des „Neuen Grünen Gewölbes" sind die Vitrinen mit 1080 Exponaten aus der Zeit zwischen Renaissance und Klassizismus gefüllt. Darunter sind der weltweit größte grüne Diamant, ein Kirschkern mit 185 eingeschnitzten Gesichtern und ein Kabinettstück des einstigen Hofjuweliers Johann Melchior Dinglinger (1664–1731). In der restaurierten Schatzkammer des „Historischen Grünen Gewölbes" hatte August der Starke seine gesammelten Kunstschätze aufbewahrt. Die 3000 ausgestellten Meisterwerke sind von unermesslichem Wert. Seit 2006 kann hier beispielsweise das Gesamtkunstwerk des Silbervergoldeten Zimmers mit seinen verspiegelten Schauwänden, zierlich geschnitzten Konsolen und Prunkmöbeln besichtigt werden. Ein weiterer Höhepunkt war die Eröffnung der prunkvollen und einzigartigen Türckischen Cammer im Jahr 2010. Mit dem Einzug der Rüstkammer in den monumentalen Riesensaal wurde ein weiterer Teil des Residenzschlosses vollendet. Die Türckische Cammer zählt zu den weltweit bedeutendsten Sammlungen osmanischer Kunst.

Großer Schlosshof der Residenz

Stilmix der Fassadenarchitektur

Vor 1945 Die historische Aufnahme zeigt einen Teil des Westflügels des Residenzschlosses mit dem nordwestlichen Treppenturm im Großen Schlosshof in der Vorkriegszeit. Der Innenhof im Zentrum der Anlage wurde zwischen 1549 und 1556 für Kurfürst Moritz (1521–1553) als Fest- und Turnierplatz angelegt. Der größte der insgesamt drei Innenhöfe war in späterer Zeit auf die doppelte Größe verbreitert worden, sodass der imposante Schlossturm seitdem in der Mitte des Nordflügels stand. Die Treppentürme in den Ecken des Hofes waren nach dem Vorbild des französischen Schlosses Chambord gestaltet worden. An der einzigartigen Säulenwanddekoration des Schlossinnenhofs und den alten Renaissancebalkonen über den offenen Bogengängen hatte bereits vor dem Zweiten Weltkrieg der Zahn der Zeit genagt, sie waren jedoch bis zur Kriegszeit noch intakt.

Neue alte Dekoration Gegenwärtig faszinieren nicht nur die Museen im Inneren die Schlossbesucher, auch der Blick auf den nordwestlichen Wendelstein, den Giebel des Nordflügels und die neu entstehenden Innenhoffassaden ringen ihnen einiges Erstaunen ab. Mit dem Voranschreiten des schrittweisen Wiederaufbaus des rechteckigen Innenhofs, der sich durch die Sichtlücke am zerstörten Ostflügel mitverfolgen lässt, werden nach und nach die bereits rekonstruierten reliefartigen Sgraffitodekorationen, die an die große kulturelle Blütezeit der sächsischen Hauptstadt erinnern, wieder sichtbar. Dieser Dekorationsstil, bei dem die Ornament- und Bildfelder durch Abkratzen einer hellen Deckschicht auf dunklem Grund entstehen, wurde teilweise von Gegenwartskünstlern frei nachgeahmt.

Stallhof

Ehemaliger Turnierplatz und Wagenschuppen

1891 Östlich an die Schlossanlage grenzt der Lange Gang – ein schmaler Verbindungsweg, der vom Georgenbau zum einstigen Stallgebäude Johanneum führt. An seiner Innenseite befindet sich ein weiterer Hof: der sogenannte Stallhof. Ende des 19. Jahrhunderts lag dieser noch im Dornröschenschlaf, das Mauerwerk und die durch Tore abgesperrten Arkaden waren grün überwachsen. Ab 1591 hatte man den Stallhof als Schauplatz für Reitturniere, Hetzjagden und Ringstechen genutzt. Davon zeugen noch die Pferdeschwemme und zwei über 6 Meter hohe Bronzesäulen der Ringstechbahn vor dem mittig liegenden Georgenbau.

Mittelaltermarkt in neuem Ambiente Um 1900, nur wenige Jahre später, setzte die große Schlosssanierung ein, bei der der Lange Gang erneuert und auf 100 Meter verkürzt wurde. In späterer Zeit wurde auch der Georgenbau baulich verändert und mit einem Turm ausgestattet. Nach den schweren Beschädigungen im Zweiten Weltkrieg hatte man zwischen 1972 und 1979 die auch schon vor dem Krieg nicht mehr vorhandenen Sgraffitomalereien in ihren ursprünglichen Zustand versetzt. An der Südseite fanden noch 2005 Bauarbeiten statt, doch die restaurierten Arkadengänge waren nunmehr offen und dienten als Zuschauergalerie. Unter den Fackeln des restaurierten Hofs finden heute sowohl kulturelle Veranstaltungen einen atmosphärischen Rahmen als auch der volkstümliche historische Mittelaltermarkt, der jährlich im Dezember seine Stände am historischen Ort errichtet. Bei einem Brand auf dem Weihnachtsmarkt im Dezember 2007 wurden Teile der Stallhoffassade beschädigt, die bis zum Jahr 2009 saniert wurden.

Der Fürstenzug

Chronik vergangener Zeiten wieder im alten Glanz

Restaurierungsarbeiten Der über 10 Meter hohe Fürstenzug besteht aus 25 000 fugenlos gesetzten Porzellankacheln. Wenn eine der jeweils 4 Quadratmeter großen Fliesen saniert wird, geschieht dies in der Staatlichen Porzellan-Manufaktur Meißen. Im Jahr 2003 war es das Bildnis Augusts des Starken (1670 bis 1733), das in Originaltechnik restauriert wurde. Neben ihm und anderen Mitgliedern des sächsischen Herrscherhauses sind auf der Sehenswürdigkeit auch 59 bürgerliche Personen zu sehen: Berühmtheiten aus Kunst und Wissenschaft sowie Handwerker und einfache Bauern. In der Schlussgruppe des Zuges erscheinen so zum Beispiel der Maler Ludwig Richter (1803–1884) mit wallendem weißen Haar und der Schöpfer des Frieses, Wilhelm Walther (1826–1913), selbst.

Touristische Sehenswürdigkeit
Zu DDR-Zeiten rollte hier noch der städtische Verkehr durch die Augustusstraße, heutzutage schreitet diesen Bereich hingegen ein jeder Tourist gemächlich während einer Führung durch die historische Innenstadt ab. 1978/1980 war das Bild, das den Zweiten Weltkrieg nahezu unbeschadet überstanden hatte, letztmalig umfassend gereinigt und restauriert worden.

1982 Blickt man vom Neumarkt auf die Nordseite des Langen Ganges, so erkennt man ein lang gezogenes Bild unter den Renaissancefenstern: Im Fürstenzug wird die achthundertjährige Geschichte des Wettinergeschlechts bildlich dargestellt: Überlebensgroß auf Keramikfliesen ist ein Reiterzug von insgesamt 94 Personen zu sehen, darunter Wettiner Markgrafen, Kurfürsten und Könige sowie bedeutende Dresdner Bürger. Ursprünglich war es kein Wandfries, sondern ein zwischen 1872 und 1876 entstandenes schwarz-weißes Sgraffitogemälde, das die Außenfassade des Langen Ganges geschmückt hatte. Schöpfer dieses 102 Meter langen Kunstwerks war der Dresdner Akademieprofessor und Historienmaler Wilhelm Walther (1826–1913). Da das Gemälde jedoch innerhalb kurzer Zeit aufgrund der Witterung verblasste, übertrug man den Herrscherzug in den Jahren 1904 bis 1907 auf farbige Porzellankacheln.

Sophienkirche
Verschwundene Attraktion am Postplatz

1906 Anfang des 20. Jahrhunderts beherrschte die erhabene Sophienkirche mit ihrer doppeltürmigen Hauptfront den Dresdner Postplatz. In der Platzmitte stand der zwischen 1842 und 1845 errichtete Cholerabrunnen, um ihn herum verkehrten die öffentlichen Verkehrsmittel und in unmittelbarer Umgebung erhoben sich hinter dem Zwinger die Türme des Stadtschlosses. Hervorgegangen war die Sophienkirche aus einem um 1265 errichteten Franziskanerkloster. Neben anderen baulichen Veränderungen fügte man Ende des 14. Jahrhunderts am Südchor die Busmannskapelle – gestiftet von der angesehenen Familie des Bürgermeisters Lorenz Busmann (1350–1406) – hinzu. Nach der Nutzung als Getreidespeicher, Zeughaus und Pferdestall während der Reformationszeit musste die Franziskanerkirche Ende des 16. Jahrhunderts wieder instand gesetzt werden. Dies geschah auf Betreiben von Kurfürstin Sophie von Sachsen (1568–1622). Ihr Name ging 1602 bei der Neuweihe auf die nun protestantische Kirche über. Bis in die erste Hälfte des 19. Jahrhunderts diente das Gotteshaus dem Adel als Begräbnisstätte. In den Jahren 1864 bis 1868 erhielt die Sophienkirche eine neue Westfront mit zwei neugotischen Türmen.

Mahnmal der Zerstörung Nachdem Fahrwege und Schienen notdürftig von den Trümmern des Zweiten Weltkriegs geräumt worden waren, lief der Straßenbahnbetrieb am Postplatz 1945 wieder an. Zu jener Zeit war die Sophienkirche infolge der Bombenangriffe auf die Stadt zwar ausgebrannt, doch ihre Gewölbe standen noch. Sie stürzten erst ein Jahr später ein. Obwohl sich die Kirchenruinen in einem wiederaufbaufähigen Zustand befanden, wurden sie mitsamt der Busmannkapelle und den zerstörten Gebäuden rund um die Kirche ab 1962 auf Beschluss der Partei- und Staatsführung der DDR endgültig abgetragen. Den Abbrucharbeiten vorausgegangen waren heftige Proteste der Dresdner Bürger sowie von Denkmalpflegern und Architekten.

Zum Gedenken In der Nachwendezeit folgten Maßnahmen zur Modernisierung des Postplatzes. Der Platz wurde mit einer neuen Zentralhaltestelle für Busse und Straßenbahnen versehen. Ein großer Teil des Kirchengrundstücks ist seit den 1990er-Jahren mit dem rundlich auslaufenden „Haus am Zwinger" bebaut, vor dem eine 12 Meter breite Wasserskulptur dunkelrot aufleuchtet. In der benachbarten Großen Brüdergasse – neben dem neu errichteten „Wilsdruffer Kubus" – fand 2009 die Grundsteinlegung für eine Stätte zum Gedenken an die hier ursprünglich stehende Busmannkapelle statt. Hierher soll auch die Gedenkplatte für die Sophienkirche verlegt werden, die seit 1999 in der Sophienstraße steht. Geplant ist ein begehbarer Glaskubus mit Edelstahlplattform, in dem Originalfragmente der Sophienkirche ausgestellt werden sollen.

JCDecaux

Zwinger

Barocke Lebenslust bis heute

Um 1875 Im Nordwesten der Inneren Altstadt, zwischen Theaterplatz, Residenzschloss und Postplatz, liegt eine der bekanntesten Sehenswürdigkeiten Dresdens: der ehemals zwischen der äußeren und inneren Festungsmauer der einstigen Bastion Luna erbaute Zwinger. Nach den Vorstellungen Augusts des Starken (1670–1733) hatte ihn der Hofbaumeister Matthäus Daniel Pöppelmann (1662–1736) von 1709 bis 1732 zunächst als Orangerie, später jedoch als steinerne Arena für die kurfürstlichen Feierlichkeiten errichtet. Vom majestätischen Zwingerturm mit seiner vergoldeten Haube führt eine eingeschossige Langgalerie zum zweigeschossigen Glockenspielpavillon, hinter dem sich die Sophienkirche in die Höhe streckt. Der Turm wird von der polnischen Königskrone geziert, die August der Starke (1670–1733) ab 1697 trug. Beim Durchschreiten des Kronentores gelangt man in den 204 x 116 Meter großen Innenhof mit Rasenflächen und Wasserbecken. Von hier aus bietet sich ein grandioser Rundblick auf die sechs eleganten Pavillons, die Lang- und Bogengalerien und den Galeriebau.

Festplatz auf Festungsmauern Nachdem man den Zwingerteich im einstigen Festungsgraben trockengelegt hatte, gestaltete man diese Fläche in den Jahren 1822 bis 1929 zur Grünanlage um. Inzwischen ist der großzügig mit Sträuchern und Blumenbeeten angelegte Platz einem Wallgraben gewichen, über den sich eine Holzbrücke spannt. Der Zweite Weltkrieg ist auch an dem historischen Bauwerk nicht spurlos vorbeigegangen: 1945 standen die Dresdner vor den zerbombten Trümmern der Anlage. Bis 1965 konnte der „Festsaal im Freien" jedoch wieder errichtet werden. Wie von seinem königlichen Bauherrn beabsichtigt, wird er seitdem als „Palais royal des sciences" genutzt – als Ausstellungsort für die kurfürstlich-königlichen Kunst-, Naturalien- und Büchersammlungen. Im Zwingerhof werden zudem Open-Air-Veranstaltungen, wie etwa die Konzerte während der Dresdner Musikfestspiele, abgehalten.

Gemäldegalerie „Alte Meister"

Neue alte Heimat für die Kunst

1898 Seit 1855 können Kunstfreunde in der Gemäldegalerie „Alte Meister" im Zwinger zu einigen der größten Werke des 16. bis 18. Jahrhunderts aufschauen. Die Kunstsammlung ist in dem vom Architekten Gottfried Semper (1803–1879) entworfenen Galeriebau untergebracht, der dem Ergebnis der Sammelleidenschaft Augusts des Starken (1670–1733) und seines Sohnes Friedrich August II. (1696–1763) eine neue Heimstatt bot. Der im Stil der Renaissance gehaltene Trakt begrenzt seit 1855 den bis dahin zur Elbseite hin unvollendeten Zwinger. Während der Bombenangriffe von 1945 hatten jedoch Sprengbomben den Nordwestflügel der Gemäldegalerie wie auch den Wallpavillon zerstört. Alle Pavillons und Galerien brannten aus, einzig das geschützt gelegene Nymphenbad blieb weitgehend verschont. Noch im gleichen Jahr begann nach der Räumung der verbliebenen Sprengkörper der Neuaufbau der Gebäudeanlage. Durch die Auslagerung zu Kriegszeiten und die anschließende Überführung in die ehemalige Sowjetunion blieben alle Bilder unversehrt. Nach der Rückgabe der Kunstschätze konnte 1960 der Sempersche Museumsbau wieder eröffnet werden.

Raffael, Rembrandt und Rubens Heute gilt die Galerie der Staatlichen Kunstsammlungen mit den 750 hier ausgestellten Bildern als das bekannteste Museum im Semperbau. In den prächtigen Räumen sind unter anderem Meisterwerke von Rembrandt, Rubens, Dürer, Tizian und Vermeer zu sehen. Das berühmteste ausgestellte Werk ist die „Sixtinische Madonna" von Raffael. Zu finden sind hier aber auch die bekannten Dresdner Stadtansichten von Canaletto.

Schauspielhaus

Sanierung im alten Stil

Um 1915 In dieser Zeit noch ein recht ungewohnter Anblick: das von 1911 bis 1913 errichtete Königliche Schauspielhaus. Das Gebäude wurde auf einem äußerst knapp bemessenen Baugelände an der Ecke Postplatz/Ostra-Allee erbaut, wo einst der kurfürstliche Silberhammer, das Hofwaschhaus und der Malersaal gestanden hatten. Der in unmittelbarer Nachbarschaft liegende Zwinger stellte die Bauherren vor eine große Herausforderung. In seinem Angesicht schufen sie einen eleganten, asymmetrischen Bau mit Laubengang und langem Vestibül. Verziert wurde der Bau durch barock anmutende Plastiken und zwei Zitate in großen Goldlettern: „Ältestes bewahrt mit Treue – freundlich aufgefasstes Neue" von Johann Wolfgang von Goethe (1749–1832) und „Schönheit ist ewig nur eine – doch mannigfaltig wechselt das Schöne" von Friedrich Schiller (1759–1805). Zur Eröffnung der Spielstätte waren bekannte Dramatiker der damaligen Zeit wie Gerhart Hauptmann, Stefan Zweig und Hugo von Hofmannsthal in dem 1100 Sitzplätze fassenden Jugendstilsaal anwesend.

Kultur fürs Volk Vor der Silhouette des Kronentors am Zwinger wirbt das Schauspielhaus nach seiner Neueröffnung 2007 mit neuem Dach und weißer Putzfassade wieder um seine Gäste. Im Zuge der Sanierung war das gesamte Gebäude mit Ausnahme des Foyers in den Ausgangszustand von 1913 zurückversetzt worden. Das Kulturleben besaß von jeher eine besondere Bedeutung für Dresden. So verwundert es wenig, dass nach dem Ausbrennen von Bühne und Zuschauerraum infolge der Bombardierung Dresdens im Zweiten Weltkrieg schnell mit dem Wiederaufbau begonnen worden war. Durch eine Lotterie kam ein Großteil des benötigten Geldes zusammen, sodass das Bühnenhaus bereits 1948 als erstes Theater in Dresden und in der sowjetischen Zone wiedereröffnet werden konnte. Genutzt wurde es als Mehrspartenbau: Oper, Staatskapelle, Ballett und Schauspiel hatten hier ihre Spielstätte.

Cholerabrunnen

Eine Dankesgabe mit neuer Perspektive

Um 1970 Auf der zwischen Zwinger und Taschenbergpalais verlaufenden Sophienstraße behauptete sich in den 1970er-Jahren stolz der neugotische Cholerabrunnen vor der trostlosen Kulisse des verfallenen Residenzschlosses. 1945 waren das Schloss und das danebenliegende, erst 1943 umfangreich restaurierte Taschenbergpalais, von den Bomben des Zweiten Weltkriegs zerstört worden. Einzig der Cholerabrunnen war – obwohl leicht beschädigt – erhalten geblieben. Geschaffen hatte den Brunnen, der von 1843 bis 1888 noch auf dem Postplatz gestanden hatte, der Architekt Gottfried Semper, finanziert worden war er vom Freiherrn Eugen von Gutschmid, weshalb er auch Gutschmidbrunnen genannt wird. Anlass für die Stiftung war die Verschonung der Stadt vor der Cholera, die in den Jahren 1840 bis 1841 in ganz Sachsen gewütet hatte.

Ursprüngliche Pracht Im neuen Jahrtausend hebt sich der Brunnen vom hellen Seitenflügel des nach alten Vorlagen wiederaufgebauten Taschenbergpalais ab, das heute ein Luxushotel beherbergt und nun das Residenzschloss verdeckt. Auf diese Weise kommen die Spitzsäule des Brunnens mit ihrer großen Kreuzblume und die zahlreichen hohen Spitzbögen auf dem 6,70 Meter breiten achteckigen Grundbecken besonders gut zur Geltung. An den Seiten der Säule sind Figuren angebracht, die Wittekind, den ersten getauften Fürsten der Sachsen, Winfried Bonifatius, den ersten deutschen Apostel, Johannes den Täufer und Elisabeth, die thüringische Landgräfin, abbilden. Nachdem die Schäden des Zweiten Weltkriegs 1966/1967 behoben worden waren, musste der Brunnen 1996/1997 aufgrund von Verwitterungs- und Vandalismusschäden erneut saniert werden und ist nun wieder in seiner ursprünglichen Pracht zu bewundern.

Erlweinspeicher

Vom Lagerhaus zum Luxushotel

2004 Ein Anblick, der schon bald der Vergangenheit angehören sollte: der durch einen Brand infolge der Bombenangriffe vom Februar 1945 stark beschädigte Erlweinspeicher. Noch im Juni 2004 fragte sich so manch einer, der hier an der Elbe spazieren ging, wieso das massige, seit dem Zweiten Weltkrieg ungenutzte Gebäude nicht schon längst abgerissen worden war. Allzu fremd mutete der Bau im Westen der berühmten Dresdner Elbsilhouette an. Doch der städtische Speicher, der einst neben einem Futtermagazin und einem Zollspeicher nahe des Ausschiffungsplatzes erbaut wurde, steht unter Denkmalschutz: Als eine der ersten Stahlbetonkonstruktionen in Sachsen erlangte er besondere Bedeutung für die Architekturgeschichte. 1913 bis 1914 war der Speicher vom Dresdner Stadtbaurat Hans Erlwein (1872–1914) erbaut worden. Nach ihm benannt wurde das ehemals mit roten Fenstern und grünen Türen versehene graue Gebäude jedoch erst in neuerer Zeit.

Viersternehotel In der Ferne sind die drei Elbschlösser zu erkennen, die auf den grünen Anhöhen vor der Dresdner Heide ruhen. Auf der anderen Elbseite ragen in der Neustadt die Türme der Dreikönigs- und der Lutherkirche empor. Von dieser zentralen Lage mit einem fantastischen Blick von dem mit roten Ziegeln gedeckten Dach des ehemaligen Speicherhauses hinab auf die Elbe profitieren seit 2006 viele Besucher Dresdens: Der Erlweinspeicher mit seiner dynamisch gestalteten Fassade wurde innerhalb von zwei Jahren saniert und zum Kongresshotel umgebaut. Dabei mussten das Dach und drei der zehn Geschosse wegen ihres maroden Zustands vollkommen neu errichtet werden. Im Inneren des Speicherhauses baute man ein Atrium, das sich durch alle Etagen zieht. Derart restauriert erstrahlt der ehemalige Speicher heute wieder in neuem Glanz.

Yenidze

Erste deutsche Zigarettenfabrik mit neuem Innenleben

1927 Von den blau-goldenen Zwiebeltürmen auf der russisch-orthodoxen Kirche in der Südvorstadt zeigen sich die meisten Touristen wenig überrascht, doch dass die sächsische Landeshauptstadt nur wenige Schritte von der Marienbrücke entfernt mit einer orientalischen Moschee aufwartet, erstaunt viele. Doch der Anblick täuscht: Hinter der 1909 fertiggestellten maurischen Fassade verbirgt sich kein islamisches Bethaus, sondern eine ehemalige Zigarettenfabrik. Der Name „Yenidze" stammt von einem seinerzeit türkischen und heute griechischen Tabakanbaugebiet. Gegründet hatte man die „Orientalische Tabak- und Cigarettenfabrik Yenidze" bereits 1886. Sie war damit die Erste in ganz Deutschland. Trotz einer Teilzerstörung durch die Luftangriffe im Februar 1945 lief die Zigarettenproduktion bis 1953 weiter. Im Anschluss war die Yenidze Verwaltungs- und Lagergebäude des Dresdner Tabakkontors.

Märchenhafte Moscheenkuppel Die Westseite der monumentalen, von Minaretten umgebenen ehemaligen „Tabakmoschee" wird durch die untergehende Sonne in ein zartes Rosa getaucht. Heute beherbergt das Gebäude unter anderem Büros und ein Restaurant mit Terrasse. Unter der mächtigen Glaskuppel des früheren Industriebaus geht es seit der 1996 abgeschlossenen detailgetreuen Gebäuderestaurierung aber auch märchenhaft zu: Die neu verglaste Kuppel dient als Spielstätte für Märchenaufführungen und -erzählungen. So können nicht nur Kinder, sondern auch Erwachsene inmitten des orientalischen Flairs des Gebäudes beispielsweise den Zauber der Märchen aus Tausendundeiner Nacht genießen.

Schweriner Straße

Freier Blick ohne Industriearchitektur

1968 Vier riesige Schornsteine beherrschen einen in rote Klinkersteine gekleideten Industriekomplex: Diese Aussicht erwartete viele Hochhausbewohner der Schweriner Straße noch bis zur letzten Jahrhundertwende beim Blick aus ihren Fenstern. Entlang der Straße, die vom Postplatz nach Nordwesten Richtung Wettiner Platz und Bahnhof Mitte führt, hatte man von 1926 bis 1928 auf dem Gelände des 1895 eröffneten Lichtwerks das „Heizkraftwerk Mitte" errichtet, das das Dresdner Zentrum fortan mit Strom und Wärme versorgte.

Ungestörter Blick auf grüne Hügel 40 Jahre später ist der Blick in Richtung Friedrichstadt ohne rauchende Industrieschornsteine. Über den Dächern der sanierten Wohnbauten aus den 1960er-Jahren erscheinen grüne Hügel am Horizont, von denen die ganze Stadt umgeben ist. Da für die kathedralenhaft wirkende Halle des 1994 stillgelegten Industriebaus keine neue Nutzung gefunden werden konnte, wurden Schornsteine und Bauteile des Heizkraftwerks schrittweise abgerissen. Das voluminöse Kesselhaus stand zwar noch bis zum Jahr 2006, seinen Spitznamen hatte es jedoch eingebüßt: Seiner dominierenden Gestalt wegen war das schornsteinbesetzte Kraftwerk des Öfteren mit der „Aurora" – einem Panzerkreuzer der russischen Marine – verglichen worden.

Mit dem Dampfer unterwegs Das historische Dampfschiff „Stadt Wehlen" der Sächsischen Dampfschifffahrt fährt elbaufwärts vor herbstlich gefärbten Bäumen auf der Neustädter Elbseite. Diese Uferseite Dresdens wartet mit zahlreichen Attraktionen auf.

Auf der Neustädter Elbseite

Faszination der Gegensätze Besonders von ihm wurden die Geschicke der Stadt im 18. Jahrhundert gelenkt – überlebensgroß und in goldenem Gewand weist August der Starke (1670–1733) auf dem Neustädter Marktplatz den Weg in die Neustadt, wo er einst prachtvolle Stadtviertel anlegen ließ. Während die Innere Neustadt heute mit ihren Passagen, Galerien und Boutiquen eine Aura von Eleganz und Exklusivität verströmt, lebt die Äußere Neustadt von ihren unzähligen Kneipen und reizvollen Hinterhöfen. Mit jedem neu sanierten Haus gewinnen die gegensätzlichen Quartiere auf der Neustädter Elbseite ein Stück ihres alten Charmes zurück.

Hauptstraße
Wiederbelebter Boulevard

1975 Auf der rechtselbischen Seite Dresdens befindet sich die Neustadt, ein Stadtteil, der bis zum Stadtbrand 1685 „Altendresden" hieß und auf Weisung Augusts des Starken (1670–1733) in barocker Gestaltung wieder neu errichtet wurde. Zwischen 1687 und 1727 ließ der Kurfürst die Hauptstraße im Neustädter Teil seiner Residenzstadt als „Via triumphalis" erbauen. Als zentrale Achse der Inneren Neustadt führte sie von der Augustusbrücke bis zum Albertplatz. Diese Struktur wurde auch bei der Neubebauung nach der zweiten verheerenden Zerstörung des Viertels 1945 beibehalten. Noch im Jahr 1975 waren allerdings entlang der nun zur „Straße der Befreiung" umbenannten Hauptverkehrsstraße deutliche Nachkriegsspuren sichtbar. Auf der Ostseite der Hauptstraße, beginnend am Neustädter Markt, wurden ab 1975 Baugruben ausgehoben, um Wohn- und Geschäftsbauten in Plattenbauweise zu errichten.

Flanieren unter Platanen Die heutige Hauptstraße versprüht einen ganz eigenen Charme. So wurde das zerbombte Blockhaus vor der Hofkirche von 1975 bis 1982 originalgetreu wieder aufgebaut. Zudem wurden eine Reihe erhalten gebliebener barocker Bürgerhäuser an der Nordwestseite der Straße – darunter unter anderem das „Kügelgenhaus" mit dem Museum zur Dresdner Frühromantik und das Societaetstheater von 1740 – restauriert. Die Straßenbahnschienen sind inzwischen einer beliebten, mit Platanen bepflanzten Fußgängerzone gewichen. Die 540 Meter lange Allee lädt mit ihren Bänken, Skulpturen und Brunnen zum Verweilen ein und hat zahlreiche Geschäfte und Kunsthandwerkerpassagen zu bieten. Auf halber Höhe der Einkaufsmeile findet sich ein Schmuckstück der Gründerzeit: die nach genau 100 Jahren wieder erbaute, eindrucksvolle Neustädter Markthalle aus dem Jahr 1899.

Elbwiesen

Grüne Oasen und Freizeitspektakel

1977 In vier großen Bögen fließt die Elbe, in weiten Teilen von breiten Wiesen gesäumt, durch die Kulturmetropole Dresden. Im hohen Gras des naturbelassenen, sich über 19,5 Kilometer erstreckenden Dresdner Elbtals kann man schnell vergessen, dass man sich in einer Stadt mit fast 500 000 Einwohnern befindet. Selbst an Augustusbrücke und Hofkirche halten die Neustädter Elbwiesen den Trubel des städtischen Lebens und des Verkehrs fern, was die Wiesen früher wie heute zu einem beliebten Ausflugsziel für Kindergartengruppen macht, die mit ihren Betreuerinnen auf den grünen Elbwiesen spielen.

Illuminierte Kinokulisse Mit der Ruhe am Königsufer ist es heute nur dann vorbei, wenn alljährlich das Filmnächtefieber ausbricht. Die „Filmnächte am Elbufer", bei denen auch Konzerte namhafter Künstler aufgeführt werden, sind seit ihrer Gründung 1990 zu einer festen Institution geworden. Jeden Sommer wird für zwei Monate eine 448 Quadratmeter große Leinwand auf den Flusswiesen aufgebaut. Sie lockt täglich bis zu 4000 Zuschauer an, die sich in den frühen Abendstunden unterhalb des Finanzministeriums einfinden. Wer hier keinen Platz mehr ergattern kann, positioniert sich auf der Carolabrücke, um das Geschehen von dort aus mitverfolgen zu können. Je später die Stunde, desto höher schlägt das Herz beim Anblick der festlich illuminierten Altstadtkulisse. Welches Open-Air-Kino kann von sich behaupten, mit solch einer spektakulären Aussicht aufwarten zu können?

Goldener Reiter

Alte Pracht in moderner Umgebung

Um 1875 Vor allem einem Kunstliebhaber verdankt Dresden seine historische Pracht: Friedrich August I. soll verschwenderisch, bauwütig und prunksüchtig gewesen sein. Wie kein anderer Regent baute der im Volksmund auch als „August der Starke" bekannte, zwischen 1694 und 1733 regierende Kurfürst von Sachsen Dresden zu einer barocken Residenzstadt aus und erhob die Stadt zu einem kulturellen und wirtschaftlichen Zentrum europäischen Ranges. So verwundert es wenig, dass der Herrscher während seiner Regentschaft selbstverherrlichend ein Standbild von sich selbst in Auftrag gab, das ihn in Überlebensgröße darstellt: Der Kurfürst sitzt auf einem sich aufbäumenden Lipizzanerhengst und ist in einer Cäsarenrüstung nach römischem Vorbild dargestellt. Der Blick des Reiters richtet sich stolz nach Osten, genauer gesagt nach Warschau, denn August der Starke war 1697 zum König August II. von Polen gekrönt worden. Reichlich Blattgold verlieh der Plastik die äußere Würde. Errichtet wurde das Standbild erst drei Jahre nach dem Tod des berühmten Regenten im Jahr 1736 auf dem Neustädter Marktplatz. Dieser zählte Ende des 19. Jahrhunderts zu den großen Plätzen der Stadt und wurde von barocken Gebäuden wie dem Neustädter Rathaus an der nordwestlichen Ecke des Platzes und der Dreikönigskirche an der Westseite der Hauptstraße geprägt.

Bekanntestes Dresdner Standbild Inzwischen hat der Neustädter Marktplatz durch sozialistische Neubauten und modernisierte Außenfassaden einen Teil seines herrschaftlichen Charakters eingebüßt. Einzig das vergoldete Reiterstandbild, das ursprünglich die Augustusbrücke hatte zieren sollen, verleiht dem Platzgefüge heute eine besondere Würde. Während des Zweiten Weltkriegs hatte man die Plastik aus Kupferblech und Eisenverstrebungen zerlegt und ausgelagert, sodass sie den Krieg unbeschadet überstand. 1956 war sie nach ihrer Restaurierung anlässlich der 750-Jahr-Feier Dresdens wieder an ihrem ursprünglichen Ort aufgestellt worden. Im Jahr 2002 wurde das imposante Abbild Augusts neu vergoldet und glänzt seither wieder in aller Pracht. In dem renovierten Plattenbau, der sich heute über den Grundmauern des Neustädter Rathauses erhebt, eröffnete das traditionsreiche Dresdner Ball- und Brauhaus Watzke 2005 einen rustikalen Brauereiausschank.

Königstraßenviertel

Verfall und Wiederaufbau eines barocken Quartiers

1989 Die jahrzehntelange Vernachlässigung für den Abriss vorgesehener Gebäude in der Inneren Neustadt wurde durch die politische Wende 1989 gestoppt. Wie hier in der Heinrichstraße mit Blick auf die Ecke Königsstraße/ Palaisplatz gab es viele historische Straßenzüge, die von den Bombenabwürfen zwar verschont blieben; abbruchreif waren sie jedoch, weil die einseitige Baupolitik der DDR seit 1970 Plattenbausiedlungen den Vorrang eingeräumt hatte. Als Zeugnis der absolutistischen Stadtbaukunst des 18. Jahrhunderts sind die alten Bürgerhäuser im Königsstraßenviertel jedoch architektonisch von besonderer Bedeutung: August der Starke (1670–1733) hatte die Königsstraße von 1722 bis 1731 als barocke Blickachse zwischen dem Albertplatz und seinem „Porzellanschloss", dem Japanischen Palais an der Elbe, anlegen lassen.

Exklusives Ambiente Das Straßengefüge rund um die Königsstraße lässt sich mittlerweile als das einzig erhaltene barocke Wohn- und Geschäftsquartier Dresdens in seiner neu wiederhergestellten Eleganz erleben. Das Viertel wurde nach Maßgaben der Denkmalpflege umfassend restauriert und gilt seither durch sein einheitliches Gesamtbild als feine Adresse, wenn es um Antiquitäten- und Kunsthandlungen geht. Zahlreiche Galerien, Spezialitätenrestaurants und noble Boutiquen haben sich hier angesiedelt, wenn man von der vorwiegend ruhigen Heinrichstraße nach Norden in die belebte Rähnitzgasse abbiegt und vorbei an barocken Innenhöfen und -passagen zur eleganten Königsstraße schlendert.

Albertplatz
Modernisierung einer Prestigegegend

Um 1910 Die Anmut des Albertplatzes zeigt eine kolorierte Fotografie aus dieser Zeit. Der Platz, den man 1817 nach dem Abriss der neustädtischen Festungsmauern und des dortigen Stadttores als „Bautzner Platz" anlegte, wurde 1871 zu Ehren des Kronprinzen Albert von Sachsen (1828–1902), der das Land von 1873 bis 1902 als König regierte, umbenannt. Aufgrund seiner villenartigen Bebauung und seiner sorgfältig gestalteten Grünflächen galt der klassizistische Rundplatz seit der Mitte des 19. Jahrhunderts deutschlandweit als einer der schönsten. Besonders sehenswert sind die beiden 1894 errichteten Rundbrunnen in der Platzmitte. Die figürlichen Zwillingsbrunnen werden „Stilles Wasser" und „Stürmische Wogen" genannt. Die am rechten Bildrand zu sehende neobarocke Villa hatte sich der Küchenmöbelfabrikant Carl Eschebach 1901 erbauen lassen. Sie wurde nach ihrer Zerstörung im Zweiten Weltkrieg restauriert und dient nun als Bankgebäude.

Moderner Verkehrsknotenpunkt Der kreisrunde Albertplatz markiert den Übergang von der Inneren zur Äußeren Neustadt. Die Platzanlage ist heute ein wichtiger Verkehrsknotenpunkt, da hier vier Hauptverkehrsachsen aufeinandertreffen und von Nord nach Süd mehrere Straßenbahnlinien den Platz überqueren. Der Autoverkehr wird um den einstigen Flanierplatz herumgeleitet. Von ihm gehen strahlenförmig zehn Straßen ab, unter anderem die Königsbrücker Straße, die man an der Nordseite des Albertplatzes erkennen kann. An der linken Ecke der Straße steht noch ein Vorkriegsbau: das erste Dresdner Hochhaus mit 11 Stockwerken. Das heute unter Denkmalschutz stehende Gebäude wurde 1929 für die Sächsische Staatsbank gebaut, diente nach 1945 als Verwaltungssitz der Dresdner Verkehrsbetriebe und steht derzeit leer. Auf der rechten Straßenseite sind die prachtvollen Wohn- und Geschäftshäuser moderneren Bauten gewichen. Davor jedoch befindet sich noch immer das 1912 erbaute und 1990 rekonstruierte „Tempietto", das tempelartige, zierliche Brunnenhäuschen des Artesischen Brunnens (nicht im Bild).

Königsbrücker Straße

Ausfallstraße nach Norden mit langer Geschichte

1950 Wer von der Altstadt in den Dresdner Norden fährt, passiert in der Regel die Königsbrücker Straße. Die alte Handelsroute wurde 1414 erstmals als „Weg nach Langebrück" erwähnt und führt seit dem 17. Jahrhundert bis in die Stadt Königsbrück. Sie kreuzt den Bischofsweg, der bereits während des 13. Jahrhunderts angelegt wurde, als Verbindung zwischen Meißen und der Burg Stolpen, und grenzt im Westen an die Leipziger Vorstadt sowie im Osten an die frühere – heute unter dem Namen Äußere Neustadt bekannte – Antonstadt. Auf ihren typischen breiten, mit großen Natursteinplatten gepflasterten Gehsteigen trafen sich die Dresdner zu allen Zeiten gern auf ein Schwätzchen. So auch am 12. Oktober 1950, als die Einwohner der Elbstadt über die allgemeinen Volkswahlen in der DDR diskutierten. Sie stehen an der Ecke Königsbrücker Straße und Eschenstraße vor dem „Aufklärungs- und Wahllokal", das noch mit Wahlplakaten behängt war.

Neustädter Lebensader Heute herrscht an der gleichen Ecke weniger Betrieb, dafür ist internationales Flair eingekehrt. Das einstige Wahllokal beheimatet jetzt ein türkisches Restaurant. Überhaupt ist die Königsbrücker Straße eine pulsierende Lebensader, an der sich Geschäfte und Banken, das traditionsreiche Programmkino Schauburg und viele Kneipen angesiedelt haben.
Im Mietshaus Nummer 66 erblickte 1899 der Schriftsteller Erich Kästner (1899–1974) das Licht der Welt, woran heute eine kleine Gedenktafel an der Hauswand erinnert. Weiter stadtauswärts finden sich Stadtvillen und frühere Kasernenbauten. Geprägt ist dieser Straßenzug vor allem von den typischen Natur- und Backsteinfassaden des späten 19. Jahrhunderts. Heute ist die Königsbrücker Straße Zubringer zum 10 Kilometer entfernten Dresdner Flughafen und zur Dresdner Heide, einem 59 Quadratkilometer großen Naturschutz- und beliebten Naherholungsgebiet.

Böhmische Straße

Vom Trümmer- zum Szeneviertel

1988 Sanierungsbedürftig und öde – das war die Äußere Neustadt gegen Ende der 1980er-Jahre. Auf den Gehwegen der tristen Böhmische Straße schoben Frauen ihre Kinderwägen an bröckelnden Fassaden vorbei. Die in sich geschlossene Architektur der Straße war die Folge einer ab 1865 wirksamen Bauordnung, dergemäß nur eine bestimmte Anzahl an Geschossen und keine Vorgärten zulässig waren. Um 1765 entstanden, hatte man die Gasse nach den böhmischen Exilanten benannt, die sich hier nach dem Siebenjährigen Krieg niedergelassen hatten und Schänken für Durchreisende betrieben.
Bis ins 20. Jahrhundert hinein lebte das gesamte Stadtviertel von traditionellen Familienbetrieben, Werkstätten und Kneipen. Die Gründerzeithäuser wurden zu Zeiten des Sozialismus jedoch dem Verfall preisgegeben.

Vielfältiges Nachtleben Mit der Nachwendezeit blühte das ehemalige Armeleuteviertel wieder auf: In einem ersten Schritt wurde im Sommer 1990 die „Bunte Republik Neustadt", eine kleine alternative, politsatirische Republik – mit der „Neustadtmark" als eigener Währung und einer eigenen Fahne mit Mickymaus-Kopf – proklamiert. Sie wird seitdem jährlich mit einem lebensfrohen Stadtteilfest gefeiert. Dem folgte die Instandsetzung der meisten alten Häuser. Auch wenn einige der alten Gebäude abgerissen werden mussten, sind die eng bebauten Straßenzüge in ihrem Grundriss erhalten geblieben. Die Häuser wurden größtenteils behutsam erneuert und farbenfroh gestaltet. Wie man auf dem Foto sehen kann, beschriften die Bewohner ihre Fassaden teils sogar selbst. Heute gilt die Äußere Neustadt als eines der großflächigsten und am besten erhaltenen Gründerzeitensembles in ganz Europa. Der Stadtteil ist bekannt für seine vielfältige kulturelle Szene, die der Gegend eine besondere Atmosphäre verleiht. Im Wohngebiet zwischen Königsbrücker Straße und auf dem östlich davon gelegenen Martin-Luther-Platz finden sich zwischen engen Gassen und verwinkelten Hinterhöfen schräge Bars, eigentümliche Galerien und elegante Lokale. Dieses wiedererwachte Flair spiegelt sich auch in den Einwohnern des Viertels wider, in dem heute vornehmlich junge Menschen und Studenten leben.

Bautzner Straße

Sanierung zwischen Innerer und Äußerer Neustadt

1995 Nachdem man die Äußere Neustadt 1991 offiziell zum Sanierungsgebiet erklärt hatte, wurde an vielen Ecken des Viertels gebaut. Auch an der Ecke Bautzner Straße/Alaunstraße betrieb man an einem der großen Gründerzeithäuser Denkmalpflege. Die Arbeiten waren recht aufwendig, sodass Mitte der 1990er-Jahre erst ein Teil des Gebäudes fertiggestellt werden konnte. Gleiches geschah an vielen Stellen der Bautzner Straße, die den Südrand der Äußeren Neustadt markiert und parallel zur Elbe – vorbei an prächtigen Villen, kleinen Elbschlössern und der Waldschlösschenbrauerei – aus der Stadt hinausführt.

Kulturelles Flair 2008 präsentiert sich das gleiche Eckgebäude als ein schmuckes Geschäftshaus mit Büro- und Wohnetagen. Mit ihm sind bereits 80 Prozent aller Gebäude des Gründerzeitviertels, in dem derzeit etwa 30 000 Menschen leben, instand gesetzt worden.

Alaunstraße Biegt man in die ebenfalls sanierte Alaunstraße ein, so gelangt man auf eine der Hauptkneipenmeilen des Viertels. Diese Straße ist für ihr „Scheune" genanntes Kulturzentrum und ihre vielen originellen Läden bekannt. Ebenfalls eine Attraktion ist die kreative Kunsthofpassage: fünf ehemalige Hinterhöfe, die miteinander verbunden und zu einer ganz eigenen Welt aus Figuren, Licht und Farben umgestaltet worden sind.

Bautzner Str.
Boutique Orchidee
Bäckerei
Schülerhilfe!
GEH DENKEN!

Boutique Orchidee
Bäckerei
20
ZONE

Pfunds Molkerei

Dresdens schönster Milchladen kommt nicht in die Jahre

1983 Auf den ersten Blick recht unscheinbar wirkt in der Bautzner Straße 79 ein kleines Geschäft, das die Einwohner und Gäste Dresdens gleichermaßen in ihr Herz geschlossen haben. Es sind nicht allein die delikaten Waren der Pfunds Molkerei, die alltäglich Kunden anlocken – schon die Verkaufs- und Kontorräume an sich sind einen Besuch wert. Gleich hinter der Eingangstür lassen sich beim Eintreten die Verkleidung von Wänden, Decken, Verkaufstresen und Säulen mit 247 Quadratmetern handbemalter Majolikakacheln der Steingutfirma Villeroy & Boch bewundern. Damit die kunstvoll gestalteten Fliesen ihren Glanz nicht verlieren, wurden sie in aufwendiger Prozedur mit einer Zinnglasur überzogen. Diese einmalige Inneneinrichtung des 1892 eröffneten Molkereigeschäfts ist dem einstigen Landwirt Paul Gustav Leander Pfund (1849–1923) zu verdanken, der das erfolgreiche Unternehmen „Dresdner Molkerei Gebrüder Pfund" gründete.

Rekordverdächtiges Kleinod An der historischen Theke fällt es angesichts der 120 ostdeutschen und internationalen Käsesorten und Milchspezialitäten auch noch heute schwer, sich zu entscheiden. Die filigranen und fantasievollen Motive auf den Kacheln – Darstellungen aus Flora, Fabelwelt und Milchwirtschaft – tun ein Übriges und lenken die Aufmerksamkeit der Käufer auf sich.
Das eigentümliche, weitgehend im Originalzustand erhaltene Molkereigeschäft wurde schon 1910 als das schönste seiner Art gerühmt. Heute steht es unter Denkmalschutz und seit 1998 auch im Guinnessbuch der Rekorde: Ein Bekanntheitsgrad, der sich sicherlich noch steigern wird – denn vor ein paar Jahren hat im Quartier F an der Frauenkirche eine Filiale des Milchladens eröffnet.

Zahlstelle.

Festspielhaus Hellerau

Sinnbild der Moderne – Theater und Lazarett

1993 Das Festspielhaus entstand 1911 nach den Plänen des Architekten Heinrich Tessenow auf dem Gelände der 1909 erbauten ersten deutschen Gartenstadt in Dresden-Hellerau. Der Gebäudekomplex war architektonisch richtungsweisend, denn er enthielt einen 34 x 17 x 14 Meter großen Saal ohne abgegrenzte Bühne – ein Novum zur damaligen Zeit. Genutzt wurde dieses funktionale, für 700 Zuschauer ausgelegte Raumgefüge von der Bildungsanstalt für Musik und Rhythmus des Schweizer Musikpädagogen Émile Jaques-Dalcroze (1865–1950). Da in dem großzügigen Bauwerk regelmäßig Festspiele stattfanden, die die europäische Avantgarde jener Zeit besuchte, wurde Hellerau schnell als „sächsisches Bayreuth" bekannt. Nach dem Auszug der Bildungsanstalt 1925 war die Glanzzeit der Einrichtung vorüber. Das Festspielhaus wurde ab 1937 als Kaserne, später als Polizeischule und von 1946 bis 1992 als sowjetisches Lazarett genutzt. Unterdessen nahm man grobe bauliche Veränderungen am Gebäude vor. So wurde beispielsweise die Kubusform des Hauptsaals durch Zwischendecken und eine hohe Wand zergliedert und das Portal schmückte der Sowjet-Stern.

Revitalisierung unter Denkmalschutz Als das Gelände 1992 in das Eigentum des sächsischen Freistaats überging, rekonstruierte man das Gebäude nach altem Vorbild. 1998 wurde das Festspielhaus Hellerau in die Liste der 100 schützenswertesten Gebäude der UNESCO aufgenommen. Nach seiner äußeren Instandsetzung, bei der man vor allem das Dach erneuerte, wurde im Jahr 2006 die komplette Innensanierung abgeschlossen. Das Dresdner Festspielhaus ist inzwischen als kulturelles Zentrum und Raum für künstlerische Experimente zurück ins öffentliche Bewusstsein gerückt. In der einstigen Wiege des modernen Ausdruckstanzes haben die international preisgekrönte russische Tanztheatergruppe Derevo und das Ensemble der weltberühmten Forsythe Company eine Produktions- und Aufführungsstätte gefunden. Auf dem Gelände der Gartenstadt arbeiten und leben heute – gemäß der ursprünglichen Ausrichtung – wieder zahlreiche Künstler.

Flughafen Dresden-Klotzsche
Dresdens Tor zur Welt wird ausgebaut

Um 1995 Das Hansa-Haus, seinerzeit modernes Empfangsgebäude für den Dresdner Flughafen, wurde 1935 im Stil der Neuen Sachlichkeit fertiggestellt. Ausgerüstet war das längliche, hell gestrichene Gebäude mit einem Restaurant und einer Dachterrasse, von der aus Reisende und Besucher einen ausgezeichneten Ausblick über das Flughafengelände und die anfangs noch von einer Grasfläche aus startenden Flugzeuge hatten. Der Name der Halle verweist auf das Luftverkehrsunternehmen Deutsche Lufthansa. Dieses war im Jahr 1926 aus dem Zusammenschluss der Deutschen Aero Lloyd und dem Junkers Luftverkehr entstanden und trat erstmals im Dresdner Rathaus unter seinem neuen Namen auf, als man die Eröffnung der neuen Luftlinie nach München feierte.

Modernisierte Terminals Gerüstet für die Herausforderungen des neuen Jahrtausends erstrahlt seit 2001 ein neues Terminal am Flughafen Dresden-Klotzsche. Nach der Wende hatte man das Hansa-Haus zwar modernisiert, doch um mehr Passagiere befördern zu können, war ein weiteres Empfangsgebäude erforderlich. Deshalb wurde die zu DDR-Zeiten größte pfeilerlose Industriehalle, ein 1955 von den Dresdner Flugzeugbetrieben errichteter Montagehangar, bis auf das Stahlskelett abgerissen und zu einem zweiten Terminal umgestaltet. Von seiner auffälligen Glasfront aus führt heute der „Skywalk" – eine 83 Meter lange gläserne Fußgängerbrücke – zum angrenzenden Parkhaus. Der internationale Flughafen ist inzwischen in der Lage, jährlich 3,5 Millionen Fluggäste abzufertigen.

Futuristisches jenseits der Altstadt Die sogenannte „Gläserne Manufaktur" in Dresden ist ein VW-Werk. Hier wird seit 2001 der VW Phaeton montiert. Das Foyer der Fabrik dient als Spielstätte für Oper, Konzert und Schauspiel.

Im Osten und Westen der Altstadt

Prachtvolle Umgebung Neben dem wiederauferstandenen historischen Zentrum kann Dresden mit zahlreichen weiteren architektonischen Zeugnissen aufwarten, die Besucher am besten bei einer Schifffahrt entlang der Elbe bestaunen können. Etwas abseits der Stadt warten Kleinode ganz besonderer Art darauf, entdeckt zu werden: Elbaufwärts bezaubert die einladende Natur des Landstriches rund um das Blaue Wunder sowie die fernöstliche Exotik des Pillnitzer Schlosses, elbabwärts sind die Produktionsstätten der weltweit bekannten Meißner Porzellanmanufaktur unweit des imposanten Dombergs zu besichtigen.

Deutsches Hygiene-Museum

Festes Ausstellungsgebäude für das „Abenteuer Mensch"

1911 Aus heutiger Sicht klingt der Name „Hygiene-Museum" ein bisschen verstaubt. Vor einem Jahrhundert hingegen war das Gesundheits- und Körperbewusstsein der Menschen noch nicht so stark ausgeprägt. So fand in Dresden auf Betreiben des Fabrikanten Karl August Lingner (1861–1916), des Erfinders des Mundwassers „Odol", von Mai bis Oktober 1911 die Erste Internationale Hygiene-Ausstellung statt. Ihre riesige Ausstellungsfläche – zu sehen ist hier ein Ausschnitt des Verwaltungsgebäudes sowie der Haupthalle – umfasste 320 000 Quadratmeter und wurde von etwa 5,5 Millionen Menschen besucht. Die Schau war in verschiedene Bereiche, zum Beispiel „Sport" oder „Wissenschaft", unterteilt, wobei der Pavillon zum Thema „Mensch" die populärste Abteilung war. Anhand von Exponaten wurde hier Aufklärungsarbeit geleistet: Sie reichten von Körpermaschinen und Moulagen (Krankheitsbilder in Wachs) bis hin zu Modellen antiker Bäder.

Modernes Wissenschaftsmuseum Das Ausstellungsplakat der Ersten Internationalen Hygiene-Ausstellung hatte mit einem sternenumringten Gottesauge geworben. Dieses Symbol wurde nach dem Tode Lingners vom neu eingerichteten Hygiene-Museum übernommen. Das in den Jahren 1928 bis 1930 gebaute neoklassizistische Gebäude mit dem kubischen Mittelbau und der großen Fensterfront steht auf halber Strecke zwischen Rathaus und Großem Garten. Die größte Sensation zur Eröffnung war ein Modell über die Funktion der menschlichen Organe – die „Gläserne Frau". Im Jahr 2005 feierte das in die Tage gekommene Wissenschaftsmuseum nach abgeschlossener Modernisierung sein 75-jähriges Bestehen und zeigt seitdem etwa 1400 Ausstellungsstücke und Medieninstallationen. Noch immer steht das „Abenteuer Mensch" im Mittelpunkt der Sammlungen, ihm ist die Dauerausstellung des Museums gewidmet.

LINGNER

Messe- und Ausstellungsgebäude

Von der Kunst zur Fabrik

1905 Monumental und erhaben wirkt der Ausstellungspalast an der baumreichen Stübelallee. Hier, an der Südspitze der Grünen Lunge Dresdens, hatte man den Gründerzeitbau mit seinen Kuppeln und Türmen von 1894 bis 1896 für die „II. Internationale Gartenbau-Ausstellung" errichtet. Er diente fortan als permanentes Messegelände, das mit seinen internationalen Hygiene-, Bau-, Kunst- oder Gartenausstellungen jährlich mehrere Millionen Besucher an- und weltweite Beachtung auf sich zog. 1901 erbaute man auf der gegenüberliegenden Seite des Stübelplatzes den Stübelbrunnen, der bis 1945 dem Gebäudeensemble einen harmonischen, weitläufigen Rahmen gab. Den zerstörerischen Bombenhagel der alliierten Luftangriffe überstanden aber leider weder Palast noch Brunnen.

Fertigungs- statt Schauhallen Die nunmehr geradlinige Kreuzung, an der Stübelallee, Grunaer Straße, Güntz- und Lennéstraße aufeinandertreffen, heißt heute zu Ehren einer der Dresdner Partnerstädte „Straßburger Platz". 1969 hatte man auf dem alten Messegelände einfache Ausstellungshallen für Technik- und Verbraucherschauen hochgezogen, den vorherigen Rang eines bedeutenden Ausstellungsorts erreichte die Elbmetropole jedoch nicht mehr. Nachdem die Messe 1999 vom traditionellen Standort ins nordwestlich gelegene Ostragehege umgezogen war, nimmt den Platz der einstigen Ausstellungshalle mittlerweile das ausgedehnte Gebäude der Gläsernen Manufaktur ein. In dessen 40 Meter hohem Ausstellungsturm, der sich an die Rückseite des Glasbaus schmiegt, können heute bis zu 280 hier von VW gefertigte Luxuswagen besichtigt werden.

Gläserne Manufaktur

Die Autofertigung wird transparent

1984 Der Kraftfahrzeugbau hat in Dresden eine lange Tradition. So wurden etwa 1984 im Dresdner Stadtteil Johannstadt sowie in Radeberg Kraftfahrzeuge des Typs Wartburg-Tourist hergestellt – ein Wagentyp, der im Vergleich zu dem im Eisenacher Wartburgwerk gefertigten Zweitakter um einiges geräumiger war. Die Karosseriemontage erfolgte zu jener Zeit noch per Hand ohne Hilfe von Robotern.

Spitzentechnologie zum Miterleben Auch im neuen Jahrtausend werden die vorgefertigten Teile noch in Handarbeit montiert, jedoch sind heutzutage mächtige computergesteuerte Bänder im Einsatz, die die Fahrzeuge lautlos schwebend die Fertigungsstraße entlangführen, und Roboter nehmen den Arbeitern die schwersten Tätigkeiten ab. Der Standort Dresden war aufgrund der Dresdner Fahrzeugbautradition ideal für eine innovative Industrieproduktionsstätte der Volkswagen AG. Nicht vor den Toren, sondern inmitten der Elbstadt zwischen Großem Garten und Straßburger Platz erfolgte 1999 die Grundsteinlegung für die gläserne Fabrik. Ihre Fassade besteht aus 27 500 Quadratmetern Glas. Drei Jahre später begann die Autoherstellung in den transparenten Montagehallen, die sowohl von der Straße als auch von den gastronomischen Einrichtungen im Gebäudeinneren eingesehen werden können. Im neuen, lichtdurchfluteten Bau der Gläsernen Manufaktur werden heute luxuriöse Bentley-Limousinen gebaut.

CAFE' KUGELHAUS
GERMANIA FAHRRÄDER
ELEKTRIZITÄT IN JEDEM GERÄT
„GÖRLITZER" BULGARIA
64

Um 1928 Weltweit das erste Bauwerk in der Idealform einer Kugel war die Attraktion der Jahresschau „Die Technische Stadt" im Jahr 1928. Viele Gäste fanden sich daher im Café vor dem Dresdner Kugelhaus ein, um das ungewöhnliche Äußere des Gebäudes selbst zu sehen. Die allgemeine Aufmerksamkeit ausnutzend, war die aus Stahl und Glas gefertigte Kugelschale mit ihren 160 Fenstern mit zahlreichen Reklamesprüchen versehen. Das architektonische Experiment gewagt hatte der Architekt Peter Birkenholz (1876–1961) in Zusammenarbeit mit der Technischen Hochschule Dresden. Das innovative Gebäude, das sowohl Exponat für den Bereich Hochbau war und gleichzeitig als Ausstellungsgebäude diente, wurde auf dem Messegelände am Stübelplatz (heute Straßburger Platz) errichtet. An dieser Stelle, am Rande einer Grünanlage, stand das 26,5 Meter hohe Kugelhaus von Bäumen umrandet bis 1938, dann wurde es abgerissen. Der im Durchmesser 24 Meter umfassende Kugelkörper besaß fünf Geschosse, die auf einem 4 Meter hohen Kugelhals ruhten, der als Eingangsbereich diente und in einen Lichthof im Inneren des Gebäudes führte. Nur das oberste Geschoss, in dem sich ein Restaurant befand, besaß eine geschlossene Bodenfläche, die anderen Etagen waren galerieartig angelegt und beherbergten durch Trennwände abgeteilte Läden und Ausstellungsflächen.

Reminiszenz ans Original Dort, wo einst das Kugelhaus errichtet wurde, steht heute der runde Turm der Gläsernen Manufaktur. In der Zeit von 2004 bis 2005 wurde jedoch eine ähnlich spektakuläre Attraktion an der Südseite des Wiener Platzes errichtet: Die ersten beiden von fünf geplanten Würfelhäusern – wie sie in der Zeit vor 1945 typisch für Dresden waren – besitzen eine große integrierte Kugel aus Wärme filterndem Glas. Sie wird von den Gebäudequadern gleichsam umklammert. Dem Zweck nach war das Glaskugelhaus als Wissenschaftszentrum geplant. Genutzt wird es gegenwärtig allerdings für kommerzielle Zwecke: Auch hier findet sich im Obergeschoss ein Restaurant. Es bietet seinen Besuchern einen Panoramablick auf Stadt, Platz und Bahnhof.

Borsbergstraße

Von der Land- zur Geschäftsstraße

1905 Ende des 19. Jahrhunderts wurde das im Osten Dresdens gelegene Bauerndorf Striesen ins Stadtgebiet eingemeindet. Daraufhin setzte rund um die zentrale Borsbergstraße eine rege Bautätigkeit ein. Im Zuge dessen wuchs der kleine Ort mit den umliegenden Stadtteilen zu einem geschlossenen neuen Wohngebiet heran. Bereits nach etwas mehr als einer Dekade war von den engen Dorfgassen nichts mehr zu sehen: Die einstige kurfürstliche Ausfallstraße zur Pillnitzer Sommerresidenz hatte sich zu einer Ladenstraße gewandelt. Breite Fußgängerwege säumten die großflächig begrünte Straße, die in einem weiten Bogen zum ehemaligen Kurfürstenplatz, dem heutigen Fetscherplatz, verläuft. Auf ihr verkehrten Anfang des 20. Jahrhunderts bereits elektrische Straßenbahnen, die den Personentransport durch Pferdekutschen abgelöst hatten. Im Hintergrund sind über den Dächern der vierstöckigen Wohnhäuser die Türme der Innenstadt zu erahnen.

Vorstadtcharme in Großblockbauweise Durch die Bombardierung im Zweiten Weltkrieg waren im Umfeld der Borsbergstraße – bis auf wenige Ausnahmen – etwa 800 Häuser in Schutt und Asche gelegt worden. Aufgrund der Neubebauung mit Großwohnblöcken Mitte der 1960er-Jahre wird der Blick nach Westen inzwischen getrübt. Trotzdem hat sich die Borsbergstraße ihren friedvollen Vorstadtcharme aus Einkaufs- und Wohnstraße bewahren können. Etwas, was anderen traditionsreichen Geschäftsstraßen wie der Haupt-, der Prager oder der Kesselsdorfer Straße mit den Jahren abhandengekommen ist. Wer hier am Wochenende auf den immer noch ausladenden Fußgängersteigen entlangbummelt, wird nicht dem Stress eines hektischen Geschäftstreibens anheimfallen.

Schillerplatz

Dorfplatz wird zum Verkehrsknotenpunkt

1984 Von den überlasteten Zufahrtsstraßen kommend, rollten noch 1984 wahre Blechlawinen über den Schillerplatz, sodass der Verkehr hier zuweilen von der DDR-Volkspolizei geregelt werden musste. Vom Schillerplatz ausgehend, überspannt die Loschwitzer Hängebrücke die Elbe bis zum Körnerplatz. Als grün gestrichene „König-Albert-Brücke" war sie 1893 nach zweijähriger Bauzeit der staunenden Öffentlichkeit übergeben worden. Schon Ende des 19. Jahrhunderts begann der ehemalige Blasewitzer Dorfplatz, sich zu einer pulsierenden Boulevardmeile zu wandeln: Im Zusammenhang mit der Errichtung der vierten Dresdner Elbbrücke wurden am Schillerplatz die ersten Straßenbahnschienen verlegt und viergeschossige Reihenhäuser errichtet. Linker Hand des südlichen Brückenkopfs gönnten sich die Dresdner im Caféhaus „Toskana" eine der berühmten Eierschecken, rechter Hand kehrten sie im „Schillergarten" ein. Die einzige Flussquerung im Osten der Stadt ließ das Verkehrsaufkommen erheblich anwachsen, sodass die Fahrspuren 1935 verbreitert wurden.

Blaues Wunder Schon bald nach ihrer Errichtung hatte man die bis 1912 als König-Albert-Brücke bekannte Loschwitzer Brücke im Volksmund liebevoll als „Blaues Wunder" bezeichnet. „Blau" deshalb, weil sich ihre Farbgebung durch die Sonneneinstrahlung nach kurzer Zeit geändert hatte. Und „Wunder", weil sie die erste freitragende Eisenbrücke Europas war. 1945 sollte die filigrane Stahlkonstruktion von sich zurückziehenden deutschen Truppen gesprengt werden. Doch dies wurde durch zwei Anwohner vereitelt, die unabhängig voneinander die Zündkabel kappten. So blieb die Brücke bis heute in ihrem ursprünglichen Zustand erhalten. Obwohl mittlerweile weder Straßenbahnen noch Schwerverkehr die Brücke passieren, stauen sich an diesem zentralen Knotenpunkt auch heute noch Autos und Busse.

Schillergarten
Höhen und Tiefen eines Gartenlokals

1992 Der Schillergarten, ursprünglich ein in unmittelbarer Nachbarschaft zur Blasewitz-Loschwitzer Fähre entstandenes altes Gehöft, kann auf eine abwechslungsreiche Vergangenheit zurückblicken: 1730 überließ Kurfürst August der Starke (1670–1733) das 1683 als „kurfürstliche Schenke" erwähnte Fachwerkhaus seinem Stubenheizer Matthie. Nach der Vergrößerung des Wirtshauses wurde das „Sommerschenkhaus mit Bierausschank" Ende des 18. Jahrhunderts zu einer beliebten Gaststätte, in die auch Friedrich Schiller (1759–1805) häufig einkehrte. Der Dichterfürst weilte von 1785 bis 1787 im Loschwitzer Weinberghaus seines Freundes Christian Gottfried Körner (1756 bis 1831), wo er sein Drama „Don Carlos" und die Ode „An die Freude" verfasste. In der beschwingten Atmosphäre der auf der anderen Elbseite liegenden Gastwirtschaft holte er sich hierzu die nötige Inspiration. Bei Dresdner Wein und frischem Bier lernte er die – auch als „Gustel" bekannte – Schankwirtstochter Johanne Justine Segedin (1763–1856) kennen. Ihr setzte er später in seinem Drama „Wallensteins Lager" mit den Worten: „Was? Der Blitz! Das ist ja die Gustel aus Blasewitz!" ein literarisches Denkmal.

Schwere Zeiten überdauert Bald nach Schillers Tod 1805 benannte man die Schänke nach ihm um, hielt dort ab 1842 „Schillerfeiern" ab und errichtete 1859 ihm zu Ehren einen Gedenkstein. Bis zu DDR-Zeiten blieb die historische Speisegaststätte mit ihren Tischen und Sitzplätzen in terrassenartiger Lage eines der beliebtesten Ausflugsziele der Dresdner. Der damalige Betreiber, die Handelsorganisation Dresden, lud sogar zum Tanz in den Schillergarten ein. Doch dann verfiel das Gebäude und musste 1985 geschlossen werden. Das nach der Wende privatisierte Gartenlokal wurde während des Jahrhunderthochwassers 2002 schwer in Mitleidenschaft gezogen, was zu einer erneuten Schließung führte. Seit seiner Instandsetzung im Jahr 2004 ist der Schillergarten wieder zum viel besuchten Treffpunkt mit literarischem Flair geworden.

Stadtteil Loschwitz

Romantische Weinhänge und herrliche Ausblicke

1903 Schon Anfang des 20. Jahrhunderts zeigt eine Bildpostkarte den herrlichen Ausblick vom Schillergarten aus auf den 1921 eingemeindeten rechtselbischen Stadtteil Loschwitz, der mit seinen grün bewachsenen Berghängen stets zu den beliebtesten städtischen Wohngegenden gehörte. Von seinen Höhen aus eröffnet sich dem Betrachter ein einzigartiger Ausblick auf die Stadt, den landschaftlich reizvollen Blasewitzer Elbbogen sowie auf die Ausläufer des Erzgebirges und der Sächsischen Schweiz. Zahlreiche Denkmäler und Weinbergmauern erinnern hier noch heute an den früheren Anbau des köstlichen trockenen Elbtalweins, dem das Auftreten der Reblaus 1885 ein Ende setzte, sodass fortan nur mehr der Fischfang und die Elbschifffahrt zu den Hauptwirtschaftszweigen der hiesigen Anwohner zählten.

Bergbahnen zur Personenbeförderung Wenige Schritte vom Körnerplatz entfernt finden sich zwischen noblen Villen die Talstationen zweier technisch interessanter Bergbahnen, die aufgrund der zunehmenden Besiedlung des Ortes errichtet wurden: zum einen die – im linken Bildausschnitt erkennbare – 547 Meter lange Standseilbahn, zum anderen die erste Bergschwebebahn der Welt am rechten Elbhang der Loschwitzer Höhen. Die Standseilbahn führt seit 1895 über einen Viadukt und durch zwei Tunnel in den 95 Meter höher gelegenen Villenstadtteil „Weißer Hirsch". Im gleichen Jahr eröffnete neben der Bergstation das beliebte Ausflugslokal „Luisenhof", dessen auf dem Hügel thronende Terrasse als „Balkon Dresdens" bezeichnet wird. Die Bergschwebebahn wurde ab 1898 gebaut und 1901 für den Personentransport in Betrieb genommen. In weniger als 5 Minuten bringt sie ihre Fahrgäste zu einer schönen Aussichtsplattform in Oberloschwitz. Beide Bergbahnen versehen noch heute ihren täglichen Dienst. Buchpreisträger Uwe Tellkamp setzte in seinem Roman „Der Turm" dem Weißen Hirsch ein literarisches Denkmal. Die Handlung spielt im Bildungsbürgermilieu dieses Viertels während der letzten sieben Jahre der DDR bis zum Mauerfall.

Schloss und Park Pillnitz

Gefährdete fernöstliche Exotik inmitten von Sachsen

1965 Unweit der Stadt fügt sich das wettinische Lustschloss Pillnitz mit seinen weitläufigen Gartenanlagen reizvoll in die Landschaft ein. Während des Sommers 1765 bis zur Abdankung des letzten sächsischen Königs Friedrich August III. (1865–1932) im Jahr 1918 residierten hier die sächsischen Kurfürsten und Könige. Genau wie heute lockte das Schloss schon in den 1970er-Jahren Wochenendausflügler und Touristen an.

Überflutung des Wasserpalais 2002 vom Hochwasser der Elbe überschwemmt, konnte man die ausladende Freitreppe des Wasserpalais mit ihren zwei steinernen Sphinxen kaum noch erkennen. Sie war 1725 für die mit der Gondel ankommenden Gäste der Hochzeitsfeierlichkeiten von Augusta Constantia von Cosel (1708–1728), der Tochter des Kurfürsten August des Starken (1670–1733), erbaut worden. Die mit ostasiatischen Szenen bemalten Palaisbauten wurden als „Indianisches Lusthaus" präsentiert. Der Baumeister des Schlossensembles, Matthäus Daniel Pöppelmann (1662–1736), hatte sich bei seinem Entwurf vom Aussehen japanischer und chinesischer Prunkbauten inspirieren lassen und damit das früheste architektonische Exempel der an chinesischen Vorbildern orientierten Kunstrichtung der Chinoiserie geschaffen.

Beispiel sächsischer Bau- und Gartenkunst Nachdem das Wasser der Jahrhundertflut weite Teile der Parkanlage überschwemmt hatte, erstrahlt das Bergpalais des Schlosses schon 2003 wieder in altem Glanz. Von der Hofseite dieses 1725 als Pendant zum Wasserpalais errichteten Gebäudes führt ein erholsamer Spaziergang entlang des 1818 bis 1826 erbauten Neuen Palais durch die geometrisch angelegten, farbenfrohen Blumenrabatten. Die Wege führen vorbei an der Fontäne des Lustgartens zum 28 Hektar großen Parkgelände mit englischem Landschaftsgarten, chinesischem Garten, Heckenquartier, barocker Orangerie und Palmenhaus. Als eine Besonderheit befindet sich hier die mit einem Umfang von fast 37 Metern größte und älteste Kamelie Europas. Die im Kamelienhaus zu bewundernde Pflanze soll um 1775 aus Japan importiert worden und im Folgejahrzehnt an den sächsischen Hof gelangt sein.

Meißner Porzellanmanufaktur

Ein Markenzeichen bringt wirtschaftlichen Aufschwung

Um 1850 Ein zeitgenössischer Holzstich aus der Mitte des 19. Jahrhunderts zeigt die Beschäftigten der Meißner Porzellanmanufaktur bei der Arbeit. Bereits 1710 war die „Königlich-Polnische und Kurfürstlich-Sächsische Porzellan-Manufaktur" vom Dresdner Schloss in die leer stehende, 929 gegründete Meißner Albrechtsburg – die 25 Kilometer elbabwärts der Landeshauptstadt gelegene „Wiege von Sachsen" – umgesiedelt worden. Für den Standort ein Glücksfall – denn die bis 1485 aufgeblühte Residenzstadt Meißen hatte diesen Status nach der Spaltung des Landes durch Ernst (1441–1486) und Albrecht (1443–1500), die Söhne des Kurfürsten Friedrich II. (1428–1464), an Dresden abgeben müssen und war infolge des Dreißigjährigen Krieges verarmt. Durch die Produktion des in ganz Europa begehrten „Weißen Goldes" lebte die Stadt am Burgberg wieder auf. Bis 1863 wurde in den kunstvoll gewölbten Innenräumen hoch über den mittelalterlichen Dächern der Stadt gearbeitet. Danach verlegte man die Manufaktur vom spätgotischen Profanbau in die Meißner Talstraße.

Weltruhm auf Höchstniveau In der „Staatlichen Porzellan-Manufaktur Meißen" wird das weltberühmte erste Hartporzellan bis heute noch gemäß der Rezeptur des Apothekers Johann Friedrich Böttger (1682–1719) und des Gelehrten Ehrenfried Walther von Tschirnhaus (1651–1708) aus Kaolin, Quarz und Feldspat gebrannt. Seit 1916 kann man als Besucher der öffentlichen Schauhalle den Modelleuren und Porzellanmalern, zu denen von 1828 bis 1835 auch der als Zeichenlehrer tätige Maler Ludwig Richter (1803–1884) gehörte, bei ihrer Arbeit über die Schulter schauen. Mittlerweile verkauft das Unternehmen seine handgefertigten und seit 1722 mit den „Gekreuzten Schwertern" gekennzeichneten Markenartikel zum Großteil ins Ausland.

Register

Bildnachweis

Für die Bereitstellung von Bildmaterial zur Verwendung in diesem Buch dankt der Verlag der Bildagentur picture-alliance.

Umschlagabbildungen picture-alliance/akg-images, picture-alliance/akg-images/Bildarchiv Monheim
Seite 2 picture-alliance/ZB/Ulrich Hässler **6** picture-alliance/ZB/Jürgen Lösel **8** picture-alliance/ZB/Ralf Hirschberger **10** picture-alliance/akg-images **11** picture-alliance/ZB **12** picture-alliance/dpa **13** picture-alliance/ZB/Ulrich Hässler **14** picture-alliance/akg-images **15** picture-alliance/ZB/Ulrich Hässler **16** picture-alliance/akg-images **17** picture-alliance/dpa/Thomas Eisenhuth **18** picture-alliance/akg-images **19** picture-alliance/dpa/ Arno Burgi **20** picture-alliance/akg-images **21** picture-alliance/ZB/Ulrich Hässler **22** picture-alliance/dpa/ADN **23** picture-alliance/dpa/Ralf Hirschberger **25o** picture-alliance/akg-images **25u** picture-alliance/dpa/Thomas Eisenhuth **26** picture-alliance/ZB/Jürgen Lösel **27** picture-alliance/ZB/Ulrich Hässler **28** picture-alliance/ZB/Steffen Füssel **29** picture-alliance/dpa/Thomas Eisenhuth **30** picture-alliance/ZB/Ulrich Hässler **31** picture-alliance/ZB/Matthias Hiekel **32** picture-alliance/ZB/Ulrich Hässler **33** picture-alliance/ZB/Ralf Hirschberger **34** picture-alliance/dpa/Hermann Wöstmann **34/35** picture-alliance/ZB **35** picture-alliance/HB-Verlag/Martin Kirchner **36** picture-alliance/ZB/Marion Gröning **37o** picture-alliance/ZB/Ronald Bonß **37u** picture-alliance/ZB/Ulrich Hässler **38** picture-alliance/Bildagentur Huber/Krammisch **40** picture-alliance/akg-images **41** picture-alliance/ZB **42** picture-alliance/KNA-Bild **43** picture-alliance/ZB/Ralf Hirschberger **44** picture-alliance/dpa/Matthias Hiekel **45** picture-alliance/dpaweb/Matthias Hiekel **46** picture-alliance/akg-images/Dieter E. Hoppe **47** picture-alliance/ZB/Ulrich Hässler **48** picture-alliance/ZB/Matthias Hiekel **49** picture-alliance/ZB/Ralf Hirschberger **50** picture-alliance/akg-images **51** picture-alliance/Michael Nitzschke/chromorange **52** picture-alliance/ZB/Ulrich Hässler **53o** picture-alliance/ZB/Matthias Hiekel **53u** picture-alliance/dpa/Matthias Hiekel **54** picture-alliance/akg-images **55** twinbooks/Jennifer Künkler **56** picture-alliance/akg-images **57** picture-alliance/ZB/Ulrich Hässler **58** picture-alliance/dpa/Ullstein Verlag **59** picture-alliance/ZB/Ulrich Hässler **60** picture-alliance/dpa **61** picture-alliance/ZB/Ulrich Hässler **63o** picture-alliance/akg-images **63u** picture-alliance/akg-images/Bildarchiv Monheim **64** picture-alliance/dpa/ADN **65o** picture-alliance/dpa/Thomas Lehmann **65u** picture-alliance/ZB/Ralf Hirschberger **66** picture-alliance/dpa/Ralf Hirschberger **67** picture-alliance/ZB **69** picture-alliance/dpa/Matthias Hiekel **70** picture-alliance/ZB/Ralf Hirschberger **71** picture-alliance/ZB/Matthias Hiekel **72** picture-alliance/akg-images **73** picture-alliance/dpa/Matthias Hiekel **74** picture-alliance/ZB **76** picture-alliance/dpa/Ullstein Verlag **77** picture-alliance/ZB/Ulrich Hässler **78** picture-alliance/dpa **79** picture-alliance/Bildagentur Huber/Kolley **80** picture-alliance/akg-images **81** picture-alliance/ZB/Ulrich Hässler **82** picture-alliance/akg-images **82/83** picture-alliance/ZB/Ulrich Hässler **83** picture-alliance/ZB/Hubert Link **84** picture-alliance/ZB/Ulrich Hässler **85** picture-alliance/ZB/Andreas Lander **86** picture-alliance/dpa/Backhaus-Pohl **87** picture-alliance/dpa/Ralf Hirschberger **88** picture-alliance/akg-images **89** picture-alliance/ZB/Matthias Hiekel **90** picture-alliance/dpa/Rosemarie Mossdorf **91** picture-alliance/ZB/Ralf Hirschberger **92** picture-alliance/akg-images **93** picture-alliance/ZB/Ulrich Hässler **94** picture-alliance/ZB/Ulrich Hässler **95** picture-alliance/ZB/Matthias Hiekel **96** picture-alliance/akg-images **97o** picture-alliance/akg-images **97u** picture-alliance/ZB/Ulrich Hässler **98** picture-alliance/akg-images **99** picture-alliance/ZB/Ulrich Hässler **100** picture-alliance/akg-images **101** picture-alliance/dpa/Matthias Hiekel **102** picture-alliance/akg-images **103** picture-alliance/ZB/Ralf Hirschberger **104** picture-alliance/dpa/Chris Hoffmann **105** picture-alliance/ZB/Matthias Hiekel **106/107** picture-alliance/dpaweb/Matthias Hiekel **108** picture-alliance/akg-images **109** picture-alliance/akg-images/Volker Kreidler **110** picture-alliance/dpa **111** picture-alliance/ZB/Ulrich Hässler **112** picture-alliance/ZB/Ralf Hirschberger **114** picture-alliance/ZB/Ulrich Hässler **115** picture-alliance/dpa/Thomas Eisenhuth **117o** picture-alliance/ZB/Ulrich Hässler **117u** picture-alliance/dpa/Matthias Hiekel **118** picture-alliance/akg-images **119** picture-alliance/ZB/Ulrich Hässler **120** picture-alliance/dpa/Werner Baum **121** picture-alliance/ZB/Ulrich Hässler **122** picture-alliance/akg-images **123** picture-alliance/ZB/Jürgen-M. Schulter **124** picture-alliance/akg-images **125** picture-alliance/dpa/Thomas Eisenhuth **126/127** picture-alliance/ZB/Ulrich Hässler **128** picture-alliance/ZB/Thomas Lehmann **129o** picture-alliance/ZB/Ulrich Hässler **129u** picture-alliance/dpa/Thomas Eisenhuth **130** picture-alliance/dpa/ADN **131** picture-alliance/ZB/Ralf Hirschberger **132** picture-alliance/ZB/Matthias Hiekel **133** picture-alliance/ZB/Ulrich Hässler **134** picture-alliance/ZB/Thomas Lehmann **135** picture-alliance/dpaweb/Matthias Hiekel **136** picture-alliance/HB-Verlag/Martin Kirchner **138** picture-alliance/akg-images **139** picture-alliance/ZB/Matthias Hiekel **140** picture-alliance/akg-images **141** picture-alliance/ZB/Ulrich Hässler **142** picture-alliance/ZB/Ulrich Hässler **143** picture-alliance/Sven Simon **144** picture-alliance/akg-images **145** picture-alliance/ZB/Thomas Lehmann **146** picture-alliance/akg-images **147** picture-alliance/ZB/Ulrich Hässler **148** picture-alliance/akg-images/Volkmar Thie **149** picture-alliance/ZB/Ulrich Hässler **150** picture-alliance/ZB/Matthias Hiekel **151** picture-alliance/dpa/Matthias Hiekel **152** picture-alliance/akg-images **153** picture-alliance/ZB/Ulrich Hässler **154o** picture-alliance/dpa/ADN **154u** picture-alliance/dpa/Ralf Hirschberger **155** picture-alliance/Bildagentur Huber/R. Schmid **156** picture-alliance/dpa/Fritz Fischer Archiv **157** picture-alliance/ZB/Hubert Link

Verlag und Redaktion bedanken sich ganz besonders bei Tanja Göbl und Ellen Hansmann für die unermüdliche Unterstützung bei der Bildredaktion zu diesem Buch.